〈中間者〉の哲学

メタ・フィジックを超えて

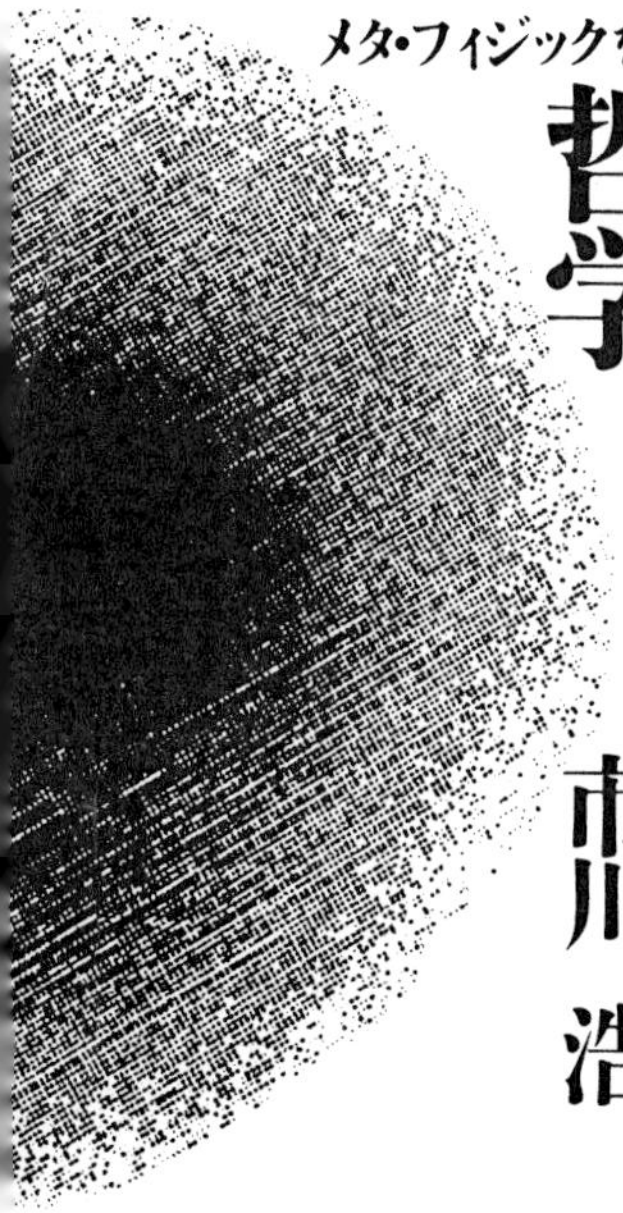

市川 浩

岩波書店

〈中間者〉の哲学　目次

プロローグ　身体による世界形成

われわれは関係においてある。関係は相互限定であるから、関係的存在は本質的に相対的である。しかしすべての関係がそうだろうか。相互限定ではないような関係もあるのではないだろうか。〈我－汝〉の関係においては、我は汝を限定するとはいえない。汝は自発性なのだから。しかし〈我－汝〉においても、〈我〉は〈汝〉をとおして自発性であるまま、自発性としての自己の限定を受け入れるのではないだろうか。神にたいする愛はそうである。逆に神は〈汝〉である人間によって、絶対者である自己を限定することがありうるだろうか。これはパラドックスである。このパラドックスがキリストであり、キリストの受難であるともいえよう。それによってはじめて、絶対者である神は人とかかわることができる。

このパラドックスは、人と人とのかかわりのパラドックスでもある。中心化する自己が人を愛するというパラドックス。自己化しきれない他者の自発性を引き受けるということは、他者の闇をとおして、他有化（他者によって所有）されえない自己の闇に気づくことでもある。他有化されえないものは、また自有化(自己によって所有)しきれないものでもある。神(大文字の他者)をとおして人を愛するという表現自体、〈他者〉を愛することによって出会う自己の闇と他者の闇の開示——〈他者による顕身〉——のモデルではないだろうか。

もしこのパラドックスが正しいなら、〈神の眼〉をとおして見るとは、決して超絶的な観点で世界を見るといったスタティックな認識でありえないだろう。おそらくアクション(能動)とパッション(受動)が交叉する最もダイナミックな認識のモデルとなるはずである。これは〈神の眼〉についての、きわめて興味深い関係モデルであり、ブーバーの考える〈神の眼〉、というより〈神との応答関係〉はそれに近いように思われる。しかしそのとき神は神でありうるのか。これはまたもう一つのパラドックスである。

＊　＊　＊

超絶的な眼でみるとは、むしろ〈死者の眼〉(〈神の眼〉でも〈末期の眼〉でもない)で見ることではないだろうか。死者とは関係をもたぬもののことである。死者にとっての〈存在〉は、ヴァレリーが描く〈時の河〉(『エウパリノス』)のように形を失い、色彩を失い、文目《あやめ》も分かぬ名づけえないもののうちに溶解する。それはほとんど虚無といってもいいだろう。生者には耐えられぬ吐気をもよおすような風景である。『エウパリノス』の死者たちは、死の世界に移って間もない新魂《あらみたま》（荒魂）のように、いまだ生の記憶につきまとわれているからこそ、〈時の河〉を見ることができる。

死者パイドロスは、生の記憶と死の現実のあわいをさまよいつつ、はじめて真実を知る。「肉体があるからこそ生者は認識を出入りすることができる」のであり、「いちばん美しいものは、永遠のなかには姿を見せない」のだ、と。美は、ソクラテスのいう永遠のイデアであるどころか、生命と切りはなすことができないのである。イデアを純粋な形としつつ、本来は肉体とかかわりをもたぬものと考えるのは、あやまりである。

しかし死者はほんとうに関係をもたぬものだろうか。死者は生者を訪れ、生者を畏れさせ、悩ませ、狂わせ、また生者に希望をもたらし、歓びをあたえ、生者の眼を開くのではないだろうか。関係をもたぬとすれば、死者たち（神の子とされるイエスは別としても）――プラトンは、万葉の無名の作者は、釈迦牟尼は、どうしていまだに生者以上に生を支配する力をふるうことができるのか。強制によってではない。われわれを招き、われわれのうちに棲まうことによってである。死者の無力とは強制する力をもたないというにすぎない。魅する力・畏れさせる力、つまりわれわれの自発性を自発性のまま呪縛する力は、強制にもまさる力なのである。

いかなる権力者も強制することはできても、愛させることはできない。自発性に呼びかけ、自発性のまま自発性を魅惑することはできない。画家が樹を見るとき、自分が見ている樹によって見られているのを感じはじめ、〈見える見るもの〉としての自己と、おなじく〈見える見るもの〉としての樹の交錯に魅せられるように、われわれは死者を愛し、畏れることによって〈見えない見るもの〉としての死者と入り交《か》い、共存する。死者は、生者と死者という抽象的な関係しかもたなくなったとき、第二の死を死ぬのである。

＊　＊　＊

生きることは差異化することである。われわれは身《み》によって世界を〈身分け〉し、世界によって身《み》自身が〈身分け〉される。ベルクソンがいうように、われわれの知覚する世界は、われわれが世界にたいしてなしうる可能的行動のデッサンとして分節化されるとすれば、われわれの身は、そのような可能的行動をなしうる潜在的身体として分節化される。「見えるものは見る能力の裏面である」（メルロ＝ポンティ）。同じく見る能力は見えるものの裏面であり、その多様性、多次元性は見えるものをとおして発見される。美術の歴史は、見えるものの多様性、多次元性をとおして、われわれの見る能力の多様性、多次元性を発見する歴史ではなかっただろうか。

こうして見える世界は、見るものの中心化に応じて整序され、特定の見えるものを焦点に置く身のパースペクティヴのうちにおさめられる。焦点となる〈図〉は、世界のなかの特定の事物や状態、あるいは出来事であることもあれば、〈気分〉のように、世界全体の漠然とした相貌にかかわり、ほとんど〈地〉と溶け合っていることもある。身はさまざまのレベルで世界とかかわるから、パースペクティヴは、関係の多次元化によって錯綜し、さらに脱中心化によって、私の身自身が他の原点からのパースペクティヴにおさめられることもある。〈見所の見〉はそれによって可能となる。

しかしパースペクティヴを消すことはできない。それは関係をもたないことであり、神はいざ知らず、人間にとっては死である。パースペクティヴは自己組織化による中心化とともに生まれ、自己解体とともに消滅する。したがってパースペクティヴは、自己組織化（つまり〈中心化〉、逆にいえば〈関係化〉）による価値の配置であり、価値の配分である。それにたいして〈脱中心化〉は、関係の〈組み立てなおし〉による価値の再配置であり、価値の再配分である。透視図的パースペクティヴはその一側面にすぎない。

＊　＊　＊

何事かに気づき、それを〈地〉にたいする〈図〉（着物でいえば〈柄〉）としてとらえる〈図化〉は、何事かを主題化することである。しかし主題化は主語化ではない。さいしょの発見や感動がもたらすのは、むしろ述語化であろう。「おお寒い」、「雪だ」、「見える？」、「見える」、は、発生的な、あるいは歴史的な言葉の誕生からはほど遠いものの、現在のわれわれの発話の現実により近い表現形式である。ここには主語の省略や非人称主語などありはしない。主語はまだ問題となっていないのだから。主語や関係項となる辞項は図化の再分配による〈図〉の内部分解から生まれる。

〈図〉は、単に図化するはたらきが、今主題となっているものを提示する空虚な枠にすぎない。〈図〉になるものはたとえば〈寒さ〉である。もう少し認識的な場面でいえば、〈白いかもめ〉が図化されているとする。注意の焦点が移動することによって、〈図〉が内部分解し、あるいは〈かもめ〉が、あるいは〈白さ〉が枠に入れられ、図化される。そしてさいしょの全体を回復するために両項が統合されるとき、関心のあり方によって、〈図〉のいずれかが主語化され、他方が述語化される（「かもめは白い」あるいは「あの白いものは何だろう」「あれはかもめだよ」）。この内部分解のより的確な表現が、「x

はかもめであり、かつ白い」である。この場合、xは個体でないのはもちろん、somethingでもなく、主題化されている〈図〉を示す空虚な枠にすぎない。関係が主題化される場合には、主題化される関係項も複数となる。

量化は漠然と了解されているとしても、明確な限定はまだ先のことである。われわれは、単称でも、特称でも、全称でもない中間的認識から出発する。われわれがとらえるのはある特性であるが、〈名づけ〉とともに生まれる過剰の一般性が、逆説的に個体性に気づかせる。名づけはさけようもなく一般化を生み、一般化の過剰の衣が、裸の王様としての個体に気づかせる。一般化と個体化は相ともなうのである。そのとき量化がはじまる。そして中間的特性は見失われる。「言いうるもの」と「言いえないもの」があるのではない。言語は言いつくそうとする情熱によって、逆説的に「言いえないもの」を発見するのである。

この意味では、主題化による限定（中心化）と関係化が認識の基本構造であって、述語化は、言語によって〈図〉の内部分節を限定し、固定することである。三上文法は、〈主語－述語〉関係に対して、〈題目－述部〉関係を日本語の文法構造の特徴と考えたが、むしろ事態のありようからいえば、題目－述部関係の方が、〈身〉の基本的な認識様式である〈主題化〉の構造に近く、そのなかでさらに内部分解によって〈辞項（たとえば主語〉‐述語〉関係が分節化される。もちろん辞項は一つ（主語）とはかぎらない。述語が〈関係〉を表現する場合には、辞項は二つ以上となる。

この主題化とその内部分節化が言語化されるさい、ギリシア・ヨーロッパ哲学の基本図式である〈基体‐属性（ないし様態）〉関係の枠組みに入れられると、〈主語‐述語〉関係が成立する。しかしヨーロッパ語においても、主語‐述語関係への限定は普遍的とはいえない。いうまでもなく命令形は主語をもたないし、非人称表現には無理がある。非人称表現 "It's fine." "It snows." etc. の "it" は、主題化作用（図化）の枠を示しているにすぎず、非人称であれ、本来の主語ではない。主題化の空虚な枠は、相互に了解されているかぎり提示する必要はない。題目‐述部関係では省略可能な題目が、省略不可能な主語として主語‐述語関係の伝統的形式に押し込められ、"it" や "je pense." の "je" になっているにすぎない。

＊　＊　＊

われわれは〈図〉において世界と関係しているばかりではなく、〈地〉においても世界と関係している。〈地〉は〈図〉を可能にする文脈である。〈図〉はまったく文脈から自由でもなければ、厳密に文脈に依存し、規定されているわけでもない。ニュートラルな無地の上の〈図〉は、より文脈自由《コンテキスト・フリー》であり、反転図形や探し絵は、より文脈依存的《コンテキスト・センシティヴ》な〈図〉の特徴をよく示している。文脈依存型では、別な文脈が発見されることによって、別な図化(〈図－地〉の反転やかくされた図柄の出現)が可能になる。しかし一見文脈自由な〈図〉も、決して自立しているわけではない。〈自明性〉のうちに隠された文脈をあぶり出し、問題化することが困難なだけである。

このような文脈の構造変換が、たとえば歴史的情況のゲシュタルト・チェンジであり、われわれは自ら情況を作っていながら、ある臨界点に達するまで、その変化に気づかない。それは自明性を形づくっている共通感覚が徐々に変化し、明るさの変化とともに色の濃さが変るサングラスのように、自明性そのものが変化するからである。

主体の側からいえば、かすかな文脈の変化を感じとって焦点を移動し(中心移動)、文脈を構造変換する歪力を意図的にしろ、無意識的にしろ加えることが、発見や発明や新しい理論の創出のさいにはたらいているメカニズムである。その結果、文脈自由とみえた〈図〉(たとえばニュートン的な絶対時間・絶対空間)も別な文脈からみれば、文脈依存型であったことがあきらかになる。このような構造変換は、世界像の全体的変容をもたらす大転換である。

文脈自由な〈図〉は、規定力の弱い〈地〉の上に成り立っているが、その〈図と地〉の全体を〈図〉とするような〈地の地〉ともいうべきかくされた〈地平〉が存在する。もっとも見きわめることが困難なのはこの地平である。それだからこそ、たえず地平を問わなくてはならない。

まずさしあたって〈図〉が成り立つとき、〈地〉化されるものを問わなくてはならない。ある〈図と地〉が成立するとき、〈地〉として抑圧される図化可能性があり、分断され、解体される可能的〈図〉がある。われわれは見ようと望んだものを見たとき、それ以外の可能性を抑圧するのである。〈見ること〉、〈見ようとしたこと〉が、意図せず消したもの、解体したものを見なければならない。われわれにあらわれる世界は、つねにあらわれない可能的世界を、〈半世界〉をともなっている。しかしこのヤヌス的世界はまた、〈反世界〉を〈地平〉としているのではないだろうか。

＊　＊　＊

こうした多次元の世界の相貌は、〈身〉の多次元の統合に相応している。現にはたらいている顕在的統合のうちにも、図化する中心的統合と地化する周縁的統合がある。視覚－聴覚－嗅覚－味覚－触覚－内臓感覚といった大まかな感覚の序列は、中村雄二郎が指摘するように、中心的統合の役割を果しやすい統合（たとえば視覚）と、主として周縁的統合の役割を果す統合(たとえば内臓感覚)の序列である。もちろん知的認識からセックスにいたるまで、それぞれの生の形式に応じてこの序列は変化する。社会が共有する一般的な感覚の序列も時代や文化の価値基準によって変りうる。現実にも仮説的にも、聴覚が最優先である時代や文化もあれば、嗅覚が最優先である時代や文化もありうるだろう。それによって世界もまた別な仕方で身分けされるのである。

われわれが一つの感覚(たとえば視覚や聴覚)を失ったとき、序列が変り、抑圧されていた感覚がよみがえる。猫やミミズやクラゲがどのように世界を〈身分け〉しているかを想像してみよう。チベット密教にはそのような修業があるということだが、芸術家もそれぞれ別の感覚の序列を強化し、あるいは変化させることによって、われわれの世界を多様化し、多次元化してきたといえるだろう。世界はまだその片鱗しか垣間見られてはいないのである。われわれは一致協力して、〈世界かくし〉と〈私かくし〉をやっているのだ。

＊　＊　＊

〈身〉の統合のうちには、現にはたらいている顕在的統合のほかにも、現にはたらいてはいないが、すでに先天的にセットされ、あるいは習慣や訓練によってセットされた、現実化可能な潜在的統合(たとえば泳げる人にとっての水泳)がある。われわれは潜在的統合がかかわりうる世界をも、比較的明瞭に分節化された素描的世界(泳ぎによってかかわる水中世界)として、潜在的に生きている。

しかしまだセットされてはいないが、訓練次第でセット可能な可能的統合(泳げない人にとっての水泳)がありうるだろう。それによってわれわれは、もう一つの可能的世界とかかわる。これはより漠然としか〈身分け〉されず、想像によって観念的に点描されるにすぎない可能的世界である。

さらに不可能な統合と関係不可能な世界がある。これとても、われわれを行動に駆り立てる点では現実的なのである。そのあるもの(たとえば空を飛ぶ、肉眼で見えないものを見る)は、機械を仲だちとする統合によって現実化される。しかしまったく不可能な統合もまた、夢としてわれわれの世界を構成する。ただ夢が〈夢〉という引き出しにしまわれているかぎり、何ほどのこともない。オーストラリアのアボリジニーにとって、夢は現実以上の真の現実であるという。われわれにとっても、夢が現実世界に闖入《ちんにゅう》し、自明の文脈を攪乱するとき、解体か新生かの臨界点をむかえる。そのときわれわれは、狂気と日常的自明性の境界のあいまいさを知らされる。狂気と自明性はともに暗黙の非人格的・集合的な文化のエピステーメーによって支えられ、日常的あるいは戦時のように非日常的な通念が形成するパラダイムによって強化されている。

＊　＊　＊

われわれの現実的統合が、現実にあらわれていない統合を〈地平〉として含むように、あらわれていない世界を示すあらわれているものがある。というよりわれわれはつねにあらわれているものを超えて、あらわれていないものへと向かう。それが〈しるし〉（兆候やシグナルやシンボルを含めて）である。その対応が一対一にしろ、一対多にしろ、漠然としているにしろ、明晰であるにしろ、また神によって設定されていると考えるにしろ、自然によって設定されていると考えるにしろ、あらかじめ確立され、完結したものとみなされるなら、あらわれている部分は、あらわれていない全体を不明瞭にしろ完結的に示す確定写像である。もしあらわれているものが、あらわれていないものを探索し、構成するべき、ある範囲の方向を示すにすぎなければ、それは考古学的断片のように、また多くの可能的場所をもつ巨大なハメ絵の一片のように、あらわれていない全体を未確定のまま非完結的に示す不確定写像としての〈断片〉である。この場合世界像は、ある許容範囲《ラティテュード》を振動する。後者は神学を断念するが、前者は暗黙のうちにしろ、神学を前提するであろう。信仰は神学を断念することもあれば、要求することもあるが、神学を前提しはしないのである。

その意味で世界は、単に顕在的なものばかりではなく、潜在的なもの、可能的なものを含む一種の錯綜体である。それは不可知の物自体ではない。またそれは錯綜する複雑な構造をもった無限実体であって、有限存在であるわれわれはその一側面しか知りえない（スピノザ）というのでもない。それは関係の（というより縁起の）錯綜体であって、われわれ自らもその関係（縁起）を構成している。この点に世界の根源的な錯綜性がある。

ある関係の生起は、潜在的および可能的関係を生みだし、他の関係（ないし関係群）を、全面的に、あるいは部分的に、共時的に、あるいは通時的に抑圧する。関係はフィード・バックを含む関係群の、リニアーではない歴史において、また次元の異なる関係群を地平として生起する。したがって、生起はリニアーな一義的因果としてではなく、多次元的かつ循環的な決定として、蓋然的にしかとらえられない。そこには〈安定した不確実性《アンセルティテュード・スターブル》〉（ヴァレリー）ともいうべきものがある。しかしこの安定は決定論的確実性ではない。この不確実さは、多次元的世界に内属する本質的な構造であって、これを避けることはできない。

＊　＊　＊

世界は重畳無尽の現実的ならびに可能的関係（縁起）からなる錯綜体である。それは存在でもなければ、不在でも、非存在でもなく、そのいずれでもありうる虚在とでもいうべきものである。このような錯綜体に近づく道は、世界の錯綜体に相応する錯綜体としての身体を介し、世界の断片から出発して、それ自身虚在である虚構の相関物を構成することによってである。この〈世界模型〉は、問題にする領域や次元によって、理論とか、モデルとか、作品とか呼ばれる一種の錯綜体を形づくる。それはある種の芸術作品（たとえばパフォーマンス）のように、現実的出来事と現実的関係を含むことがあり（広義の錯綜体）、ある場合は理論のように、可能的出来事と可能的関係のみを含む（狭義の錯綜体）。いずれにしてもそれは世界に全面的に、またスタティックに照応するわけではない。それは世界の錯綜体をあるパースペクティヴから開くキイであり、たえず組み替えられる実践的モデルである。この仮構の錯綜体は、世界を表現すると同時に世界を発見させ、われわれにとっての世界を創造する。仮構の世界模型による限定が、錯綜体としての世界のうちに現実化されうる可能的構造を素描し、現実的にか、想像的にか、直接的にか、機械や記号の仲だちによってか、それをわれわれに経験させるのである。砂浜で山を作り、トンネルを掘る（トンネルはかくれた世界への通路である）子供のように、われわれが世界模型に熱中するのは、それが創世神話のまねびであり、神話を失った世界での、世界の再生の儀式だからではないだろうか。

じっさい創造とは、差異化によってカオスからコスモスを産み出す行為である。われわれが了解するコスモスは、自然的かつ文化的な身体（テクノロジー・情報・制度に媒介された）によって身分けられたコスモスである。どのジャンルであれ、創造の行為は、「すでに存在するコスモスをカオスとしてとらえ」、コスモスを再創造する行為にほかならない。すでに知覚的に分節化された世界は、感覚の歴史を捨象した仮設的な純粋感覚（そんなものはもちろんありえない）によって、あるいは逆に感覚の歴史が埋没させた古層の感覚を蘇らせることによって、あるいはまたありえない想像上の感覚によって、還元され、構造変換され、錯乱させられる。また理論的に分節化された世界は、かくされた前提の帰結をパラドックスにいたるまで追求することによってカオス化される。そして前提の仮設的な組みかえがもたらす帰結によって歪力を加えられ、構造変換されるだろう。これらはいずれも非現実的にみえるが、別なコスモスが分節化される可能的地平・可能的場所《トポス》を用意するのである。

＊　＊　＊

ヴァレリーが指摘するように、身体は宇宙に開かれ、宇宙と交わっているのにたいして、精神は世界の外面を、それも浅はかにしか示さない。表面性は精神の論理である。それというのも精神は、自分の目標のために必要ないくつかの性質しか考慮しないからである。自然の創造においては全体が部分よりも複雑であるのに、知性の創造においては全体が部分より単純なのはそのためである。

錯綜体としての身体の現実的関係は、さまざまのレベルではたらくから、意識レベルの志向的統合ばかりではなく、下意識レベルの向性的統合においても世界と入り交《か》っている。そしてたえず沈澱する多次元の現実的関係は、潜在的な受動的綜合によって、潜在的統合のパターンを構造変換し、新しい構造が産み出される可能性を潜在的に用意する。それはふたたび現実的統合として世界にかかわり、世界との新しい関係によって、世界という錯綜体のこれまで気づかれなかった構造を開示する。それはまた〈身〉の構造の新しい開示でもある。

こうして身体も世界も歴史をもつ。さまざまの現実的関係は沈澱し、潜在化するが、あたかも履歴現象《ヒステリシス》のように、その性質により、情況により、ジャンルにより、異なったタイム・ラグでもって、遅れた効果を新しい現実的関係におよぼす。それだけではない。時系列上で遠くはなれた未来と過去が、あたかもタイム・スキップによる短絡現象のように、時系列を飛びこえて現在の世界との関係に影響をおよぼすことも珍しくない。そのうえ錯綜体の時間はリニアーではなく、いわば時系列の多次元性とでもいうべきものをもっている。同じ時系列にそってのずれや飛躍のほかに、異なった時系列を横断する干渉というものもあるわけだ。タイム・ワープはSFだけのものではない。したがって自己組織化する錯綜体は、世界との多種多様な関係を内蔵した多様な統合形態へと拡散する。

こうして錯綜体の構造が複雑化するにつれて、同じ次元での複雑性のみではなく、異なった次元が統合されることから来る複雑性、それらがそれぞれ今のべたような独特の時系列を形成し、横断的に干渉し合う時系列の複雑性、複雑な錯綜体相互が関係し合って形成される間錯綜体の複雑性といったものが発生する。

＊　＊　＊

同じ次元の複雑性であっても、複雑化がすすむとシステムの全体を全面的に意識化することは難しくなる。これはとくに複雑なシステムをシミュレートする人工的システムでは問題になる。自然のシステムの場合は、致命的な自己矛盾ないし環境との不適合を含む複雑なシステムは長い生物の歴史のなかで淘汰されるが、人工的なシステムの場合は歴史による漸次の淘汰を待ってはいられない。事前にシステム構成上の、あるいはプログラミングのミスをチェックしなければならない。もちろん無限に長い時間をかければ可能であろうが、それでは無意味である。さらにミスを発見したとして、ある部分を手直しすると、複雑なシステムではフィード・バック効果を含めて、予想外の部分に波及的結果が生ずる可能性があり、それをすべて予測することは困難である。それをチェックするシステムを考案すれば、それはメタ・システムとしての複雑性をもつことになるから、ますます信頼性の許容範囲《ラティテュード》を決定することは難しくなるだろう。

自然のシステムでも人工のシステムでも、複雑なシステムは、異なった次元の構造を統合しているのが通常である。異なった次元のあいだの相互作用、高次の構造による低次の構造の能動的統合、低次の構造による高次の構造の受動的生成ないし方向づけは、リニアーな決定論によってはとらえられない非連続性を含んでいる。ミクロとマクロのあいだもそうであるが、個体が集合して、集団や社会を作るとき、そこにはたらく法則や制度は、個体レベルやミクロのレベルの法則に還元することができない。

さらに、さきにのべた時系列での遅延効果や残留効果としてのヒステリシスが生じ、過去からの時系列を飛びこえたタイム・スキップと、未来からの逆因果ともいうべき吸引効果（それも目的論のような合理的な目的－手段関係ではなく、未来イメージによる引き込み効果）が発生し、異なった時系列の現象のあいだに横断的・斜行的な干渉が起こると、錯綜体や間錯綜体空間の時間的構造は、きわめて複雑、かつ時には逆説的・自己矛盾的にもなりうるだろう。

そして時間のなかでの漸次的淘汰を待ってはいられないからこそ、人間の文明は、自己のシステム自身の自己矛盾による突然の自己淘汰という逆説をはらんでしまった。人間中心主義の人工的システムは、人間が中心ではない自然のシステムのはたらきに、ドラスティックな形で直面せざるをえない。

＊　＊　＊

宇宙の構造の測定係数《パラメーター》の一つとして複雑性《コンプレクシテ》を挙げたのは、テイヤール・ド・シャルダンである。かれが挙げる他の二つのパラメーターは無限大と無限小であり、前者は宇宙的規模の世界、後者はミクロの世界にいたる。そして両極端は、量的に対立しているばかりではなく、そこであらわれる宇宙の質的特性も、われわれが生きている中間圏が示す性質とはまったくちがったものとなる。すなわち無限大の方向では〈（一般）相対性〉があらわれ、無限小の方向では〈量子性〉があらわれる。このいずれも中間圏に比べるとある意味で単純であるが、われわれが生きている中間世界が示す相貌とは根本的に異なっているから、日常言語でそれを十分記述することはできない。この両極端の無限においては、パスカルが畏怖したように、生命体も人間も無にひとしい無意味なものと感じられるであろう。

　これにたいしてテイヤールは、宇宙を構成し、進化の尺度となるもう一つの無限性のパラメーターを挙げる。それが〈複雑性〉である。複雑性は要素の数や種類の多さにのみあるのではなく、むしろ重要なのは、要素の配列である。それは組織された複合体《コンプレックス》を形成する中心をもった異質性である。この複雑性の極限へ向かう線上では、宇宙は自己へ向かって巻き込みつつ、内面性（集中性）と自発性を増大する。テイヤールはこれを〈複雑性＝意識性〉の法則と呼んでいる。宇宙素材《エトッフ・コスミック》は、つねに外面性（外部機構）と内面性（内部機構）をそなえているが、われわれの眼に内面化的《コンプレクシフィカシオン・》複雑化《アンテリオリザント》があきらかになるのは複雑化がある臨界点をこえて、まず生命、ついで意識が発生したときである。

　宇宙がこの三つの無限をもつとすれば、パスカルが、無限大と無限小の深淵を前にして畏怖しながらも、人間が考える葦である点に存在意味をみいだしたように、生命（そして人間）は、複雑性への進化に根を下ろした根源的に重要な現象となる。無限大と無限小の軸からみれば、人間は無にひとしく特別の意味をもたないが、複雑性の軸からみれば、宇宙の構造のもう一つの次元を構成する意味ある存在となるのである。

＊　＊　＊

　無限大においては相対性の効果、無限小においては量子効果という新しい性質があらわれるように、複雑性の無限においては、意識と自由があらわれる。そこでテイヤールは複雑性をはかる基準として、複雑性の低いレベルでは〈組み合わされた原子の数〉を上げるが、それは最初の臨界点までである。要素の数と同時に、要素の結合の数と種類と緊密性がまし、中心化《サントラシオン》が進行すると、ある臨界点から、外的には同化、生殖……、内的には自発性、内面性……、といった特質をもった生命があらわれる。

　このレベルから複雑性をあらわす尺度として、原子の結合の数を用いることは難しくなる。それは単に値が膨大になるからというだけではなく、複雑性をあらわすのに十分ではなくなるからである。そこでテイヤールは内面化的複雑化をあらわすパラメーターとして、神経系の複雑化、すなわち頭化《セファリザシオン》ないし脳化《セレブラシオン》を提案する。これは外部機構の複雑化(脳化)＝内部機構の複雑化(意識化)という観点からみればうなずけなくもないが、唐突な飛躍の印象を与えることは否めない。

じっさい神経性伝導以前に、非神経性の細胞間相互作用による伝導(神経細胞が分化する以前の多細胞生物)があり、神経系をもった生物においても内分泌による非神経性の伝導がある。後者のタイプの伝導は、生長ホルモンの作用が示すように、植物においてもみられる。さらに生命体の基本機能である生殖にさいして、形質の伝達が必要なことはいうまでもない。

こうしてみれば、複雑化のあるレベルから複合体を再生し、また複合体システムそのものを統合し、コントロールするため、複合体を構成する素材やエネルギーのほかに、情報と情報システムが重要となることがわかる。情報システムは、身体システムをコントロールする一種のメタ・システムとして複雑化に寄与する。そして複雑化がすすむとともに、情報システム自体が多重化し、複雑化するであろう(脳・脊髄神経系――あるいは別な観点からすれば体性神経系・自律神経系――と内分泌系の複合システム、再生の観点からは遺伝子情報システム)。情報システムは、可能的行動を素描し、現実的行動の選択可能性を開くことによって、世界を現実的世界としてばかりではなく、可能的世界としても〈身分け〉する。それと同時に、情報システムの成立は、同時に〈身分け〉のもう一つの側面である〈身〉自身の分節化、すなわち世界にたいする可能的かかわりを潜在的に内蔵し、現実的選択を留保して可能的選択を素描し、パノラマ化する〈身〉自身の内面的複雑化を示している。これが最も広義の複雑化＝意識化のはじまりだとすれば、情報システムの多重化が情報レベルでの自己還帰的なメタ・システム（反省を含むシステム）を生むとき、狭義の複雑化＝意識化がはじまるといえよう。そこでは情報と情報システムより成る情報複合体が、環境を構成する第一次的な要因となり、情報化のプロセス自体がメタ・レベルで情報化（外言化）されるとともに内面化（内言化）され、外面と内面は分かちがたく交叉する。

＊　＊　＊

複雑性が、中心化され、組織化された異質性より成るとすれば、個体レベルの複雑性に加えて、自発性と意識性をそなえた異質な諸個人が能動的に組織し、かつ受動的に配列される複雑性が存在することはあきらかである。諸個人が相互に組み込み、組み込まれつつ織りなす社会的複合体にも、複雑化の進行とともに、通常の社会意識を越えた新しい特異な性質が生まれる臨界点が存在するだろうか。テイヤールは存在すると考える。人間はある臨界点を介して、人間自身よりさらに複雑で、さらに中心化された何ものかを生みだす萌芽なのだ、と。かれはそれを〈超細胞〉とも、もろもろの精神によって織りなされる〈精神圏《ノオスフエール》〉とも呼んでいる。そこでは個々の精神は自由を失うことなく、経験的次元の外にある精神的内面化の焦点へと収斂するとみなされている。しかしこのような求心性が新しい性質の可能性のすべてだろうか。

可能性の一つであることは確かである。しかしテイヤールは、この求心的収斂を信仰共同体といったもっぱら精神的な統合としてのみイメージしていたわけではない。コンピュータライゼイションによる補足と、脳の使われていない膨大な予備回路の新しい機能配置の完成によって、社会的神経系が徐々に連結し、集団的な大脳ともいうべき機能複合体が形成されること、すなわち「人類の自己大脳化」としてもイメージしていたのである。テイヤールの〈精神圏〉は、かれの〈生命圏《ビオスフエール》〉と同様、単なる比喩ではない。

テイヤールのいう〈生命圏〉は、地球を実質的に構成する地核、岩石圏、水成圏、大気圏、成層圏のあいだにあって、生命が偶然的にとじこめられている付けたしの層にあたえられた比喩的な呼び名ではない。それは地球を包んでいる有機物の見事に調整された敏感な被膜、「ごく薄いとはいえ、じっさいにこの惑星を構成している一つの層」なのである。量的尺度からみればとるに足りないほど薄いとしても、複雑性という質的尺度からすれば、これは地球のもっとも重要な特性をになう層となる。そしてもしも生命圏が、生命の展開を可能にする他の圏とともに、自己調節機能をもった有機体とみなしてもいい複雑なシステムを構成しているとすれば、量的尺度は、ある適合範囲において複雑性の尺度と入り組みあい、われわれの住む中間圏のユニークな秩序を構成することになるだろう。この秩序においては、多次元的かつ循環的な相互決定が本質的な特徴となる。

生命圏が物質圏にたいする単なる付加でないのと同様、精神圏は生命圏にたいする単なる付加でもなければ、生命圏に巻きこまれない上空飛翔的な秩序でもない。それは生命圏自身を破壊することもできるのだから。精神圏はいわば生命圏自身による生命圏の可能性への問いであり、触診である。問いは、生命が、機械・記号・制度といった仲だちによって、自分自身にたいして距離をとり、また生命圏自身がそのなかにある宇宙にたいして距離をとることによって可能となる。しかしわれわれ自身がそのなかにある生命圏や宇宙の外に出て、それらを完全に対象化することができない以上、この問いは終りのない循環となる。それはむしろ終りのない創造に似ている。生命の超生命への問いかけとしての精神圏は、あたかも考古学的断片が可能的全体を生みだすように、つぎつぎ非決定論的な錯綜体を生みだしつつ、拡散する錯綜体を重ね合わせ、〈安定した不確実性〉とでもいうべき自律性に到達しようとする。そのように断片をつぎはぎし、重ね合わせて、ある不確定な振動をもつ世界模型を浮かび上らせることができれば、精神圏は人間中心主義をこえて、自然のシステムのなかで、ある許容範囲《ラティテュード》を振動する新しい文明に到達することができるだろう。

Ⅰ　〈身〉の哲学

1　〈身〉のまわり

生体は自然の網目のうちに、一つの特異な秩序として生起する。なかでも人間は生まれるとともに、いわゆる自然的な網目ばかりではなく、重層的に重なり合った——しかし地層のように固定したものではなく、たえず層をスキップして短絡することがありうる——歴史的・文化的な網目のうちに編み込まれる。その結果、個人は、相対的とはいえ、それぞれの個人に固有の網目をつむぎ出す。それによって人間は、集団的であると同時に個別的なパースペクティヴから世界をとらえ、世界を把握する顕在的原点、あるいは世界の秩序が逆に向うから浮かび上らせる潜在的消点として自己をみいだす。パースペクティヴは、潜在的には可変的かつ多極分解的であるから、人間は即自的に、つまり端的に、自己であるのみならず、対自的ないし反省的な自己として自らを自覚し、たえず自己のパースペクティヴそのものを問いなおさないではいられない。すなわち自己のパースペクティヴにたいしてパースペクティヴをとることができ、かつそうせざるをえないのが人間の特徴である。

われわれがパースペクティヴをもつのは、人間が身体存在であることにもとづくが、「身体」ということばは、「精神」との二元性を予想させ、パースペクティヴから解放された精神が存在するかのような錯覚を起こさせる点でかならずしも適当なことばではない。人間はパースペクティヴを持たざるをえないという側面と、パースペクティヴは変換可能であるという側面をもっている。ここにはたらいている〈中心化〉と〈脱中心化〉は、本来相関的な概念である。それが身体と精神の二元に割り当てられて、実体化される。そして身体的感覚は、身体存在に中心化されたプラグマティックな意味しか示さず、理性である精神のみが、独立に、あるいは感覚の批判を介して、脱中心化された意味、つまりものの本質を把握する、という考え方を生みだす(デカルト)。精神と身体の実体化は、両者の関係はもちろん、人間と、ものや他者との関係を外面的関係に変え、関係的存在としての人間のあり方をおおいかくしてしまう。多方向に同時に生成するかかわりの網目は分断され、人間の現象と世界の現象は、精神と身体(物体)という実体的二分法から出発して、一方向的に展開する人工的な樹状《ツリー》分肢図式のうちにはめこまれる。それにたいして自然に生成する関係の網目が、相対的な均衡に達する仕方は、むしろゲシュタルト的な図式である。その変形は一方向的ではなく、多方向的であり、しばしば多極分解的なカタストロフをへてふたたびゲシュタルト化される。それは樹状分肢の連続的展開ではなく、むしろ分解の危機をたえず経過する網様体の非連続的な生成であるといえよう。言語は分別を基本とするから、「精神」と「身体」に代って、事態を的確にあらわすことばはみいだしにくいが、日本語の「み」は、(漢語の「気」とともに)そのフレクシビリティと意味のひろがりの点できわめて可能性に富むことばといえよう。

み　「み」は大和言葉であるが、漢字の「身」があてられるとともに、漢字の「身」がもっていた意味と混淆したと考えられるから、どこまでが「み」本来の意味であるかはよく分らない。じっさい日本語の「身」の用法と漢語ないし現代中国語の「身」の用法は重なるところが多く、両者のあいだに共通の考え方や感じ方がみられる。さしあたって、ここでは、日本語の「身」の用法を通じて、日本語が示している〈身〉の網目をたどることにしよう。身近な言葉ながら、われわれはそのひろがりの豊かさにあらためて驚くであろう。

「身」は大和言葉の「み」に漢字があてられたものである。岩波古語辞典によれば〈み〉の古形は〈む〉であるという。「むかはり」(ム(身)カハリ(代))＝身代り、人質)、「むざね」(ム(身)サネ(実))＝まさしくそのもの、実体)、「むくろ」(ム(身)クロ(幹))＝胴体、魂の去った形骸としての肉体、死骸)など、多くは名詞の上につけて複合語を作るとされるが、「むくろ」をのぞいて、現在も使われる用例は少ないように思われる。

〈む〉が〈み〉に転じたとき、〈み〉であらわされるものはどのような網目のひろがりをもっていたのだろうか。これは識者の御教示を乞わなければならないが、漢字で〈み〉の音があらわされるようになったとき、万葉仮名の用法には、甲類、乙類の二系列があり、それは音韻上の区別によるとされる。「身」は乙類に属し、日本国語大辞典によれば、〈み〉をあらわす乙類の万葉仮名には

「身」のほかに「未」、「味」、「尾」、「微」、「実」、「箕」がふくまれる。乙類は「身」、「実」、「神」、「闇」などの語の〈み〉や助詞「のみ」にもちいられたという。〈身〉の意味にもちいられた〈み〉の音の万葉仮名としては、「身」のほかに「微」、「未」、「味」などの例がみられる。また「実」は「身」と同語源か(?)とされ、意味上ほとんど区別できない場合や両者いずれをももちいる場合があるから、これも加えてよいであろう。漢字が渡来する以前には、乙類の〈み〉は、甲類の〈み〉との音韻上の対立しかないわけであるから、もちいられる現実の状況や文脈でその意味が区別されていたにすぎない。字による区別が、話し言葉の〈み〉に反照して、カテゴリーのちがいが意識化されるというフィード・バックもない以上、〈み〉の意味の輪郭は、今よりも、はるかに流動的であったにちがいない。日本国語大辞典は「身」の語源説として、(1)マキの反、(2)ミ(実)に通ず、(3)み(見)の語から、(4)ミ(肉)の義、(5)幹の義、(6)カミ(神)の略、(7)ミは納り止まる意、(8)水に通ず、(9)モチ(持)の約、などを上げている、これらの語源説の当否はともかく、これらは〈み〉につながる親近性をもったものとして意識されてきた語のグループないし意味のひろがりをあらわすといえるだろう。じっさい「身」はヨーロッパ語の「身体」をあらわす諸語と比べても、より広い独自の拡がりをもち、われわれが生きている身体のあり方を、より如実に示しているように思われる。

実　まず第一に「身」は「実」と同語源か、とされる。「実がなる」は果実や木の実がなることであるが、果物の「実」はカワ(皮)やサネ(核)にたいしてミ(果肉)のことであり、魚の「身」が、皮や骨にたいしてミ(肉)を意味するのと類似した感覚でわれわれは受けとっている。「お汁《つゆ》の実」は、お汁のなかに入っている具《ぐ》、つまり中身であり、「実も蓋もない」は「身も蓋もない」に同じである。この〈身〉は容器の蓋にたいして、ものを入れる本体を意味する。同様に「抜き身」は鞘にたいして中身である刀身を指す。

「実が入る」は植物の種子や果実の中身が充実し、成熟することであるから、植物の成長、結実を促進する肥料は、「実肥」とも「身肥」とも書かれる。「筋肉に実が入る」のは、筋肉がかたく充実して凝《こ》ることであるが、「身が入る」は上記と同じように筋肉がこわばり、痛むことであるとともに、「話しに身が入る」という場合のように、気が乗って一心になることでもある。「実」も同様に後者の、いわば精神的レベルの〈み〉の意味にもちいられることがある。「段々狂言に実がいり」というのはそれである。「実のある話」は内容のある話である。「身入れ」(財布)、「身うすい」(金がないこと)の〈身〉は、財布の内容(金銭)を、また物質的身代を意味する。木材の〈身〉(「白身」、「赤身」)は、果肉や動物の肉のように、皮にたいする肉を感じさせるとともに、外皮にたいする内実・本体、つまり中心にあるものを指す。したがって「身木《みき》」は幹(「身木は少ふときが相応《ふさわし》かれ」)であり、また舵の軸となる木の意味でもある。「元の鞘におさまる」は、人の身を刀身にたとえているが、このたとえを支えているのは人身(み)と刀身(み)のあいだにある関係の対応、あるいはむしろより直接的な類同性の感覚である。

肉　第二に〈身〉は、生命のあるなしにかかわらず肉を意味する。すでに〈実〉は果肉を意味していた。それにたいして〈身〉は一般に動物の肉を意味する。「身と皮」、「骨つきの身」では骨や皮に対立してもちいられる。「身鯨」は「皮鯨」にたいして、鯨の赤肉の部分を指す。「魚の切身(あるいは片身・半身)」、「白身の魚」、「酢で魚の身をしめる」は、死んだ肉を意味する。さきに上げた「むくろ」は、ム(身)クロ(幹)であり、生きているものの胴体をあらわすが、とくに胴体だけ、つまり首を切られた屍体を意味し、また魂のぬけさった形骸としての肉体、つまり生ける屍の状態を、さらには死骸そのものを示すという意味のすべりがみられる。これは〈み〉も同様である。「身節がいたむ」ときの「身節」は身のふしぶし、つまり関節であるから、この場合〈身〉は、生きているからだである。一般に〈身〉は人間については「生き身」としてのからだを意味することが多いが、生き身の肉を即物的に表現する場合には、漢字にふりがなをあてて〈み〉の意味を限定する(「お臀の肉《み》」)という日本語独得の興味ぶかい用法がみられる。これは詩や小説のソフィスティケートされた表現では、重積的一語比喩ともいうべきものにまで展開するのである。

生きたからだ　そこで第三に〈身〉は、「生身《なまみ》」の人間の生きたからだを意味する。女性が「身ごもり」、「身持ち」になった結果、「身分け」して「身二つ」となり、「身身《みみ》となる」(子供が生れる)。子供は「身になる食べ物」を食べて、「栄養を身につける」。これは生理的身体である。

ところが一人前になって、「身に合った服」を「身につけ」、「身を粉にして」働くが、労働がきつくて「身がもたぬ」という場合には、すでに文化的・社会的環境に組み込まれたからだを指している。「身の花」は単にからだだけではなく、姿はもちろん声やしぐさもふくめて、社会的洗練をへた身体的美しさである。いま例にあげた「栄養が身につく」という場合の〈身〉は、栄養が〈身〉の養分となってからだをつくり上げるのだから、生理的身体を意味している。ところが「栄養」のかわりに、「教養」や「知識」や「技術」や「習慣」という言葉をそこに入れると、「教養（あるいは知識、あるいは技術、あるいは習慣）が身につく」という表現になる。また「身につける」は、衣服や持ち物をからだにつけて持つという外面的着用でもあれば、教養や知識や技術や習慣を内面化し、自分のものとすることでもある。とすればこの場合の〈身〉は、単なるからだではない。教養その他が本当に自分のものとなってゆくという意味であるから、〈身〉は、いわゆる精神的自己を含んだ自己の全体を意味する。

逆に精神的な状態も、それを切実な仕方で感じているときには、〈身〉をもちいて表現される。「身を切られる思い」は、身を傷つけられたときに痛い思いをするその切実さをあらわしているが、じっさいにからだを切られることをのべているわけではない。しかしからだを切られることとして感じられ、そのようにしか表現できない切実な〈身〉の出来事がある。こわくて「身がすくみ」、「身のちぢむ思い」をするときも、からだが緊張して小さく収縮する〈身〉の現実をはなれて、そのこわさをいいあらわすことができない。ここで起こっている意味のすべりは、単なることばのあやではなく、現実の〈身〉の成層に発生する飛躍的・斜行的な短絡現象ともいうべきものを的確にあらわしている。「恥ずかしくて身のおきどころがない」ときの恥ずかしさは、穴があったらじっさいに身を隠したい衝動と切りはなすことができない。それは心理的であると同時に前心理的な〈身〉の反応の仕方である。「身を投ぐ」という表現は、入水して自分の生命を断つことを意味するとともに、自分を犠牲にして他者に一身をささげることを意味する。またこの表現が物事にわれを忘れて熱中することをも意味するのは、〈身を投げる〉という行動がもつ共通の所作的意味にもとづいている。こうしてみれば、〈身〉はたしかに肉とか、からだをあらわすが、決してそれだけにとどまるものではないことがわかるだろう。

身のありさま　〈身〉は具体的にはいろいろのあり方をし、振舞い、行動するから、第四に〈身〉は、からだのあり方や姿、はたらく有様など、多様な「身ざま」を意味する。つまり〈身〉はさまざまの「身ぶり」や「身ごなし」や「身がまえ」においてある。人は「身仕度」をして、「身ぎれい」に「身づくろい」する。これらの表現は「……ぶり」や「……ごなし」がついているから、からだのあり方や様子をあらわすのは、当然ともいえるが、「身もざくり」では、「身」ということばそれ自身が、「身づくろい」や風姿を意味している。「身をやつす」は姿をかえて、みすぼらしい目立たない様子をすることである。

しかし「身がまえ」とか「半身《み》にかまえる」は、行動への準備態勢として、からだがとる姿勢のことでもあれば、心のかまえでもある。「あの人の前へ出るとつい身がまえてしまう」は、その典型である。ここでも「身」の意味は、さいしょの相貌的特徴を保存したまま、新しいレベルの意味へと移行し、意味の網目を拡大する。しかしその意味のすべりは、やはり〈身〉のあり方の多極性、多次元性に支えられている。「身じまい」、「身だしなみ」は、「身なり」をととのえることだけではなく、ことばや態度をきちんと正す心がけ、心の姿勢のあらわれとして精神的・倫理的なニュアンスを帯びてくる。「身だしなみが悪い」というのは、服装や着付けが小ざっぱりとせず、だらしないというだけではなく、精神的な姿勢のだらしなさを暗示している。

「身固め」は、身仕度をすることであるが、「身を固める」といえば、一人前の男として世間にたいして身仕度し、家庭をもつという社会的な行為を示す。「身すがら」は、自分のからだ一つという意味であり、荷物をもたないことにも、係累をもたないことにももちいる。「身が軽い」は、からだの動きが軽いこと、身仕度が軽装であること、係累がないことをそれぞれ文脈に応じて意味するであろう。逆に「身が重い」は動作が鈍重なことであり、「身が重くなる」は妊娠して「身重になる」こと、「身重し」は重んぜられ、声望が高いことである。「身もだえする」、「身ぶるいする」、「身を粉にする」、「身を削る」は、苦痛に七転八倒し、寒さにふるえ、身体が粉ごなになるほど働き、やせるほど苦労をすることであるが、同時に心の悩みにもだえ、恐怖にふるえ、労苦をいとわず一心につとめ、心配のあまりやせる思いをすることでもある。

したがってからだのあり方や振舞といっても、それは単に表面的なあり方だけを意味するのではない。「身じろぐ」は身を動かすことであるが、「身じろぎもせず」となると精神的な緊張を感じさせる。「身のけがれ」や「身を清める」が単に衛生的な意味でないのはいうまでもない。むしろ倫理的・宗教的意味が第一義的になってくる。表面的なあり方が、いつのまにか内面的なあり方をまき込んでしまう〈身〉の重層的な網目構造があらわれるわけだ。

身につけるもの　比較的表面的な「身づくろい」や「身仕度」に密着した「身」の用法として、〈身〉は第五に、「身の皮」、つまり着物や身につけているものをあらわす。着物(ことに胴の部分)については、「身丈」とか「身頃」、「片身頃」とか「身八つ口」といった呼び方をする。これらは身長や肩幅ではなく、着物の「丈」や「部分」を意味する。さらに「身ぐるみおいてゆけ」というときは、着物のみならず、身につけているもの全部を指すだろう。服装をあらわす〈身〉も多方向へその網目を拡げてゆくのである。「身幅」は着物の身頃の幅であると同時に、他《ひ》人《と》にたいする「肩身」、つまり面目のことでもある。「身なり」はいまでは服装や装いの様子を指すが、元来は「身形《みなり》」として、身が成ったままの生まれつきのからだつきを意味する。「身ぶり」は身のこなし、身の所作を意味することもあれば、一方では服装を、他方では世間にみせる羽振りを示している。

生命存在　このようにはたらいているからだは、「生き身」つまり生命《いのち》をもった存在であるから、〈身〉は第六に、生命存在をあらわす。「身あってのこと」は生命《いのち》あっての物種であり、「身代り（古形ムカハリ）」、「身の代金」、「人身御供」、「身終りて蛇《じゃ》になる」の〈身〉は生命をもった存在を意味する。「身まかる」は生命を失って現世からあの世へ去ること、「身の後《のち》」は死後であり、「身種」は人間を産みだす生命の種である。

社会的生活存在　生命をもつということは、具体的には生計を立て、生活をいとなむことであるから、〈身〉は第七に、さらに具体的に生活し、労働する存在を示す。「身すぎ」は生活し、暮しを立ててゆくことにほかならない。こうしてなんとか「身が立つ」ようになり、さらに努力のあげく「身を立て」、「身を起し」、立身出世して、暮しが楽になると、「身持ち上げ」をして贅沢に生活するようになる。しかし「身のほど」をわきまえない暮しをすると、「身がつまり」、「身の振り方」を考えざるをえないところへ追い込まれる。その結果「身を落し」、「身をもちくずし」て、女性の場合には、古風な言い方では、苦界に「身を沈める」という表現が出てくる。これらの〈身〉は、生計や暮しざまを含めた生活存在を意味する。「身のまわりの世話」をするのは、身辺の生活の面倒をみることである。他方「身を起こす」はからだを起こすこと、「身を落す」はからだを伏せること、「身を沈める」は入水すること、「身のまわり」は衣服やかぶり物など身につけるもの、といった即物的な意味をももっている。最初に上げた表現を比喩的な文学的表現ととることもできるが、むしろ〈身〉のあり方そのものが、相貌的特徴によってむすばれた類比的成層構造をなしているといった方がいいだろう。共時的にみれば、〈身〉はすでに文化的・社会的な〈身〉であり、〈身〉の網目は、どこに特権的中心があるというわけでもない、〈身〉のさまざまの相は、相互に類比的な関係にあり、比喩はその言語的表現形態にすぎない。

「身すぎ」は「身すぎ世すぎ」という成句として使われるように、社会的存在として世間に暮すことである。「身売り」や「身請け」は、労働存在としての人間を売り、また買いもどすことであり、「身の油」は油汗を流して労働した金、「身の代」は、労働存在の売買(身売り)の代金でもあれば、労働の代金(給金)でもある。ここには労働する社会存在としての〈身〉への拡がりが容易にみてとれる。生命存在としての〈身〉においても、「身あってのこと」、「身が大事」は、生命《いのち》が第一ということだが、生命をもっているのは自分であるから、自分が大事ということにもなる。「身をすてる」は生命をすてることでもあれば、自分をすてて人のためにつくすことでもある。「身をあずける」は、からだをあずけることであると同時に、社会的存在としての自分の「身柄」をあずけることであり、「芸は身を助く」の身は、生活する自分である。

自分　そこで〈身〉は第八に、「身つから(みずから)」を意味する。「身一つ」、「身次第」、「身がまま」、「身まかせ」、「身にまさる」、「身にかかる」、「身にふりかかる」、「身に引きかけて」、「身だのみ」、「身のため人のため」、「身も世もなく」、「身を殺す」、「身を為《な》す」という場合、この〈身〉は「自分」とおきかえてもよい。「自分のからだ一つ（自分一人）」、「自分の思いのまま」、「自分の自由になる」、「自分にまさる」、「自分にかかわりがある」、「自分にふりかかる」、「自分一身に引きうける」、「自分に引きかけて（自分のこととして）」、「自分をたのむ」、「自分のため人のため」、「自分のことも世間の手前も考える余裕もなく」、「自分を殺す」、「（物事に）自分を打ちこむ」という具合である。自分はまた行為の主体であるから倫理的責任の主体であり、社会的自己を内面化している。そこでわれわれは「身に覚えがある」「身のあやまり」をも、「身から出たさび」とあきらめ、責任をとるどころか、「わが身かわいさ」から「身勝手に」「身が知ることか」と「身に受ける（自分一身に引きうける）」ことを拒み、「身のがれ」することがないとはいえない。しかし良心の呵責から「身を責める」おもいがつのり、生活が荒れてしばしば「身で身をつめる（自分で自分を滅ぼす）」結果になるのも「身から出たさび」というものであろう。責任を「身に受け」て、「身をきれいにする」以外はない。自分はまた労働する存在であるから、「身銭」、「身金」は自分の労働でかせいだ金であり、「身出し」は自前の費用でまかなうことである。

「身をつむ」は自分のからだをつねることであるから、この〈身〉は自分のからだを意味するが、一般に「身を抓みて人の痛さを知れ」という成句としてもちいられるから、他人事《ひと》をわが身にひきくらべて痛切に感ずることを意味する。ここには肉体的な苦痛の切実さから、精神的な、あるいは人生論的な切実さへの意味の移行《すべり》があり、他者の契機がふくまれている。「身につまされる」

では、一層他者性のニュアンスが強くなり、他人《ひと》の不幸や悲しみが、他人《ひと》事でなく、自分自身のことのように感じられるという感応的同一化の現象をあらわしている。「身になる」も、文脈に応じて何か外的なもの（食べ物や教え）が血肉となり、自分のものになることであるとともに、自分が他者の〈身〉になり、他人《ひと》にたいして「親身」になることでもある。「身ぼめ」は自分をほめることであるが、それは他者に対してであるから、暗黙のうちに他者を前提にしている。「身を責める」のは他者とのかかわりにおいて身（自分）を責めるのであり、「身のあかしを立てる」のも、他者にたいしてである。自己である〈身〉は、つねに他者とのかかわりにおいてあるという多重帰属性ないし〈相互所属性〉（浜田貞時）を本質とする関係的存在であり、他者との関係でアイデンティティも確保される。

社会的自己　したがって〈身〉は自分を意味するとしても、かならずしも個としての私に限定されない。そこで〈身〉は第九に、社会的なひろがりをもった関係的存在としての社会的自己を意味する。こうした〈身〉の多重帰属性ないし相互所属性は、〈身〉の人称としての流動性を生む。多重人格があるように〈身〉は多重人称的である。「身が知ることとか」や「身が蔵」、「身ども」の身は〈われ〉を指し、「身が等《とう》」の身は、〈われら〉を指す自称である。ところが「お身」、「おん身」では〈なんじ〉を指す対称となり、さらに「身身」は〈各人おのおの〉を意味する。「身柄」は、「身柄は八島にありながら、心は都へ」ではからだであり、「身がらは逃げて」では自分自身、「身柄をあずかる」、「身柄をひきとる」では当人自身、「身柄がわかる」、「其身からゐせ者なりと」では、身分、身の程、分際を意味する。ここでは〈身〉はいわば〈柄の束《から》〉(坂部恵)として、関係のあり方に応じて変化するのである。「身は習わし(人は習慣や環境に応じて変化する)」というのは、その事情を表している。

〈柄《から》〉は元来同じ血のつながりをもつものを意味する(岩波古語辞典)というが、〈身〉がむすぶ〈柄〉の第一は、血縁である。われわれは〈身〉(自分)のうちに「身つづき」の「身の者《もん》」である家族とか、「身寄り」である親類・縁者をふくめて考え、「身内」と呼ぶ。「身内」は拡大した自己であり、「身びいき」は、そのような「身内」をひいきすることを意味する。しかし「身内」はかならずしも家族や親類、縁者に限定されない。「身近か」に感じられ、「親身」になってつき合える近しい存在は「身内」である。

血縁社会の崩壊は「身内」の拡大・変質に拍車をかけたといえるだろう。血のちぎりをしたやくざが、同じ組の人間を身内として扱うのは擬似的血縁であり、同郷の出身者が県人会を作ったり、同郷のよしみを云々するのは、血縁にかわる地縁が身内意識を支えている。また同じ会社の人間が身内意識をもつのは、日本の場合、契約的雇用関係と拡大した家族主義のアマルガムであるとされるが、契約的雇用関係においても、程度と質のちがいはあれ、身内意識がないとはいえないだろう。選民は同胞《はらから》である。また同じ民族、同じ国民(多民族国家であれ)は多かれ少なかれ同胞を身内としてとらえる。とくに日本人は民族的同質性が高いから、身内意識が強いといわれるのも当然である。

「身内」はこのように流動的な拡がりをもっているから利害が一致すると、昨日の敵も今日の「身方(味方)」となる。近代思想のなかでの「身内」の最大限は、人類を「身内」と考える人間中心主義であった。しかし宇宙船地球号といわれるように、地球が有限であることが、「身近か」に感じられるようになると、地球全体を一つの「身内」と考えざるをえなくなる。現代ではヒューマニズムという名の人間中心主義的身内意識もまた問題視されるのである。人間を地球上の特権的存在と考える理由はない。このように社会的自己としての「身内」の網目の拡がりは多様であるが、まだ肉としての身へのつながりを失ってはいない。そもそも「身内」は、身の内として、からだの中(ミヌチ)の意味でもあり、「身でないものは骨膾《なます》」の身は、魚の身を意味するとともに、肉親の意味でもある。広くとれば前述の「実」もまた「身内」なのである。

「山川草木悉有仏性」とか、「一切衆生悉皆成仏」という考え方が好まれた背景には、このような〈身〉の拡がりがあったのであろう。しかし一方では、身内意識が、血縁意識によって意識の社会化をさまたげたことも事実である。〈身内〉が〈私〉をこえた拡がりをもつからといって、簡単に社会的自己といいかえることはできない。

社会的位置　社会的自己へと拡大した自己は、つねに他者とのかかわりにおいてあり、したがって〈身〉は第十に他者との関係できまってくる私の立場、社会的地位、役割、境遇、分限、分際といったものを意味する。「他人《ひと》の身になる」、「おれの身にもなってみてくれ」は、他者理解、相互理解の基本である。これは「他人の立場になる」というのと「身になる」のとでは、少しニュアンスがかわってくるともいえるが、「立場になる」というより「親身」になり、「身を入れて」考えていると感じられるのである。「身になる」という方が、「身の上」、「身もと」、「身分」、「若い身空」、「身にあまる」、「身にすぎる」、「身のほど」、「身知り(身のほどを知る)」、「身に合う(身分、分際にふさわしい)」、「身を起す」、「身が立つ」、「身を立てる」、「身好になる(物持ちとなる)」、「身を落す」、「身を沈める」、「身を固める」、「身を持つ(立身出世をする)」、「身持ちが好い・悪い」、「身の振り方」、「身すぎ世すぎ」、「身をひく(遠慮して関係を断つ、辞任する)」という場合の身は、社会的存在としての私の立場、地位、境遇(生計・身代を含めて)や分限、分際、社会関係などを意味する。以上にあげたいくつかの表現の意味の重層性はすでに指摘した。

それ以外を上げれば、「身知り」は身体を大切にすること、「身に合う」は衣服がからだに合うこと、「身が立つ」は面目が立つこと、「身を持つ」は所帯をもち、一本立ちになること、また品行を正しく保つこと、「身をひく」は後ずさりすること、とそれぞれ重なり合っている。「身をぬすむ」のは、社会的に拘束された責任を負った自己から私的な自己をぬすみ、骨おしみすることであり、「身ぬけ」は責任のがれをすることであるから、〈身〉は役割であるとともに、役割にともなう責任を負った主体でもある。そのような倫理的主体である自己に疑いがかけられたとき、「身のあかしを立てる」のは、他者にたいしてであり、疑いが晴らされ、「身晴れ」、「身開き」がなることによって、社会的存在としての「身が立つ(面目が立つ)」のである。

こころ　〈身〉はさらに(第十一)こころをふくんだ意味でもちいられる。〈こころ〉は古くから〈み〉と対立してもちいられてきたが、近代思想における物体と精神のような二元対立とは、かならずしもいえない。日本国語大辞典は、「こころ」の語義説として、(1)コリコリ(凝凝)の約転、コロコロ(凝々)の約、コゴル(凝)の義。(2)コル(凝)の義を強めてコの音を重ねた語ココルのルをロに転じ名詞化した語。(3)ココリ(小凝)の義。(4)ココとコリ固まった物であるところから。ロは所の意で、そのウツロをいう。(5)火凝の義。(6)語根コロに接頭詞コが付いた語。(7)ココは爰、ロは所の義か。(8)所の義、ココは此所、ロは接尾語。(9)コ(小)のある処、コ(小)は点の意。(10)ココは心動がコツコツというところから。ロは場所の意か。(11)ココロ(心)はココロ(裏)の義、ココロ(神)はカクレ(陰)の義。(12)諸物に変転するところから、コロコロ(転転)の義、などをあげている。

広辞苑は「禽獣などの臓腑のすがたを見て、コル(凝)またはココルといったのが語源か。転じて、人間の内臓の通称となり、更に精神の意味に進んだ」とし、岩波古語辞典は「生命・活動の根源的な臓器と思われていた心臓。その鼓動の働きの意が原義。そこから、広く人間が意志的、気分・感情的、また知的に、外界に向って働きかけて行く動きを、すべて包括して指す」という。

いずれにしても〈こころ〉は〈み〉と根本的に対立したものではなく、活動する生き身のはたらきが凝《こ》り集った中心であり、つねに此所《ここ》である身の原点の在り所《か》であろう。したがって〈こころ〉は、〈み〉の高度に統合されたはたらきが、しだいに独立したものとして意識されてゆく過程で成立した概念とみることができる。したがってそのはたらき方に応じて、「心」、「情」、「意」などの漢字があてられる。坂部恵氏の紹介によれば（『仮面の解釈学』）、富士谷御杖の歌論に「身顕」、「身隠」という対概念が出てくる。[1] 前者は、言行に情《こころ》のままを出して、わが身をかくすことができないことであり、後者は、言行のかわりに詠歌して、わが身を隠すことであるから、この場合の〈身〉は、情《こころ》としてあふれ出る自分であろう。

また「身に覚ゆ」というのは、はっきりと心に意識することであり、「身にしみる」、「身を砕く」、「身をつくす」、「身を為《な》す（物事に熱中する）」、「身が燃ゆ」、「身を焦がす（あこがれる）」、「身を焼く（はげしく怨む）」、「身を合わす」、「身をひきしめる」、「身がしまる」、「身をもって知る」、「身を入れる」、「身にこたえる」、「身のおきどころなし」などの「身」はほぼ「心」でおきかえることができる。微妙なニュアンスのちがいは別として、「心にしみる」、「心を砕く」、「心をつくす」、「心を為す」、「心が燃ゆ」、「心を焦がす」、「心を焼く」、「心を合わす」、「心をひきしめる」、「心がしまる」、「心で知る」、「心を入れる」、「心にこたえる」、「心のおきどころなし」といってもだいたい通じるであろう。

しかしこの場合、「身」ということばを「心」ということばでおきかえると、いくぶん意味がせまくなる。そして表面的・意識的なそらぞらしさが生まれ、深味にも、切実さにも欠けると感じられるのではないだろうか。たとえば「身にしみる」と「心にしみる」を比べれば、「身にしみる」の方がより切実であり、事態やことばが私の存在にしみとおる深さの感じもまさっている。人間の全体存在で痛切に感ずるというニュアンスは、「身にしみる」によって、よりよく表現されるのではないだろうか。それは「身にしみる」が、〈心〉のレベルのあり方に焦点をあてていながら、「傷口に薬がしみる」といった肉《み》をふくめた〈身〉の網目の総体をその地平としているからこそ、そう感じられるのである。

「身を冷やす」は激しい心理的な恐怖を表現しているが、その恐ろしさは肝を冷やして、現実にからだが冷たくなるほどであり、「身の毛だつ」のは非常に恐ろしいという以上に、ぞっとして現実に寒けをおぼえ、全身の毛が立ってしまうほどの恐ろしさである。さきにあげた「身もだえする」も、身をもみ、身をよじるほどの心の苦しみやいらだちである。現実に身をよじる場合はもちろん、外にはもだえがあらわれなくても、身うちでは、筋肉・内臓レベルで緊張し、素描的に身もだえしている。「断腸の思い」というのもそれである。そしてまわりの人間もそれを直観的に感じとり、感応的に同調し、その人の身になってしまうからこそ、その表現がリアルなものとして感じとられるのであろう。

全体存在　こうして人間は、十二番目に、さまざまの身のレベルを多様な仕方でたえず統合しながら生きる、つまり「身をたどる」全体存在である。肉から心までを含めて自己の身の処し方を手さぐりしながら生きるのである。しかもその統合は、単なるハイアラーキー型の統合ではない。他者はもちろん、人間以外の存在をも含めた他の〈身〉との多岐的・多重的なかかわりのなかで生起する網目状の統合である。しかもその統合は、あるレベルの統合が、他のレベルへと直ちに移行するような非ハイアラーキー型の統合であり、さらに時間的にも空間的にもへだたりながら、相互作用するような統合である。歴史も地理も〈身〉の外のことがらではない。われわれは、時間も空間も身のうちに内蔵しているからこそ、それらに関心を抱くのである。

しかも以上あげてきた〈身〉の諸相が〈常〉の〈身〉であるとすれば、〈稀〉あるいは〈奇〉のあり方の〈身〉ともいうべきものがある。「身変り」は、元来祭の前の物忌《いみ》のため、精進潔斎して、常人とことなった状態となり、神事にあずかる資格ができることである。これを広くとれば〈常〉の状態では潜在化している〈身〉(網状錯綜体)の、根源的にことなった形態化の可能性を示すことばとして使うことができよう。〈身〉は実体的統一ではなく、多極分解の可能性や狂気の可能性、さらには別なレベルへの飛躍の可能性をはらんだ危うい統一なのである。〈身〉がそのような転換可能性をはらんだ存在であることは、「身変り」という表現が示すように、昔の人の方がよりよく自覚していたように思われる。

からだ　ところで〈身〉は魚や鳥、けだものについては、死んだ肉をも意味するが、人間については ふつう「生き身」を指す。生命のこもらない肉体は「からだ」である。岩波古語辞典は「からだ」について、「生命のこもった肉体を『身(み)』というのに対して、生命のこもらない形骸としての身体。同義語『から』よりも俗語的な性格が強かった」と解説している。したがって「むくろ」と同じく死体を意味し、生きている場合も、生命や精神のこもらない形骸化した身体を意味する。「身」との関係では、「ただ身はからだばかりの立ちはたらくが如くなる時」、「心」との関係では、「皆人のからだばかりの寺参り心は宿にかせぎをぞする」という例があげられている。「から(軀)」は「から(殻、其、幹、枯、涸)」と同根とされ、水分、生命が失われてぬけがらとなったもの、死んだものを意味し、後に「から(空、虚)」の意に転じたという。「からだ」は、空《から》であり、中心化もないかわり、生きてもいない。この点からも〈身〉との区別はあきらかであろう。

「身」ということばは、あまりにも音が短かくて独立して使いにくいせいか、現在では「からだ」の方がよく用いられる。しかし「からだ」を使った熟語的表現を想い出そうとしても、ほとんど思いつかない。それにたいして「み」を使った表現は、あきれるほど思いつくであろう。じっさい辞書をみても「み」の熟語は何頁にもわたるのにたいして、「からだ」を使った熟語的表現は無いにひとしい。今のべたように「からだ」は、もみ殻の「殻」、木が枯れるの「枯」、水が涸れるの「涸」などと同根であり、水分や生命が失われて、空っぽの「空」となったものである以上、熟語的表現が少ないのは当然である。われわれはよく「からだを鍛えよう」とか、「からだをお大切に」とかいうが、原義をとって「屍体を鍛えよう」とか、「あなたの屍体をお大切に」と言っているのだとすると皮肉な話である。今の機械化したスポーツブームや健康ブームの空疎さを、自ら知らず知らずに表現しているのかもしれない。

ところで元天井桟敷の田中能子さんに、語源説を知らないまま、「身体《からだ》は空《から》だ」とジョークを言われて初めて気がついたのだが、「身体」ということばは、「身《み》」と「体《からだ》」でできている。これまでは「からだ」ということばを、「殻」や「枯」につながる生命のぬけたものとして、もっぱら否定的に取りあつかってきたが、「からだ」を「空《から》」なるものとして、もっと積極的な意味を与えることができるかもしれない。「からだ」が「ボディ」であるかぎりそれは不可能である。「ボディ」は物体として実体的なものを連想させるからである。

しかし「からだ」が「空《から》」であるかぎり、非実体的であり、そのたびにさまざま「実《み》」によって充実させられる可変性をもつことになるだろう。「身《み》」もまた「空《から》」によってたえず実体化することを否定され、中心化しつつ非中心化され、均衡をめざしつつ、たえず不均衡になる動的安定性を表現することができる。生体が自己組織化するかぎり、〈中心化〉は不可欠であるが、それは〈関係化〉と同義であり、たえず脱中心化し、非中心化する運動を含んでいる。

たましい　こころにたいして「たましい（魂）」ないし「たま（魂）」は、遊離霊の一種である。折口信夫は「たま」と「たましい」を区別してくわしく論じているが、[2] ここでは〈身〉との関係をもっぱら考えるので、簡単に岩波古語辞典の説明によることにする。それによれば、「魂《たま》」は「玉《たま》」と同根であり、「玉」は「人間を見守りたすける働きを持つ精霊の憑代《よりしろ》となる、まるい石などの物体が原義」という。「魂《たま》」については、「未開社会の宗教意識の一。最も古くは物の精霊を意味し、人間の生活を見守りたすける働きを持つ。いわゆる遊離霊の一種で、人間の体内からぬけ出て自由に動きまわり、他人のタマと逢うこともできる。人間の死後も活動して人をまもる。人はこれを疵つけないようにつとめ、これを体内に結びとどめようとする。タマの活力が衰えないようにタマフリをして活力をよびさます」と説明している。したがって、「魂《たま》」の去った肉体は「殻《から》」である（「空蟬のからは木ごとにとどむれどたまのゆくへをみぬぞかなしき」）。

「心」との関係について、日本国語大辞典は、魂《たま》は「人間、さらにはひろく動物、植物などに宿り、心のはたらきをつかさどり、生命を与えている原理そのものと考えられているもの」とのべている。〈身〉は生命ある身体であるから、魂《たま》は〈身〉を生かしている原理と考えられることもある（「身弱く魂動きて（魂が去って）忽に死ぬ」）。この遊離霊は、憑依や精神病理学的な現象、集合意識の問題とも関連して興味ぶかい概念である。前出の御杖の言霊論は、言行にそのまま出すことのできない情のおさまらなさから、歌が生まれ、「言のうちに、その時やむことを得ざるさま、おのずからとどまりて霊とはなるにて候[3]」という主体的な解釈をしている。「たま(魂・霊)」から「こころ(心・情)」への方向が無視されるわけではないが、〈身〉の内の情《こころ》から霊《たま》への方向が強調され、現代人にもなじみやすい遊離霊の考え方となっている。広くとれば文化霊ともいうべきものを考えることができるわけだ。フロイトやユングの文化論はその一変種ということができよう。

気　しかし「からだ」も「こころ」も「たましい」も、「み」ほど広汎な意味のひろがりと振幅はもっていない。むしろ「身」との関係で同じくらい、あるいはそれ以上に自在にもちいられ、用例も多いのは、「気」ということばである。〈身〉が、ものの本体として、いわゆる物質的なものから、心までを包含しているとすれば、〈気〉は天地をみたすものとして、いわゆる物質的なものから、心までをおおっている。さきにあげたように「身」のかわりに「心」でおきかえることのできる表現が沢山あるのと同じく、「気」のかわりに「心」でおきかえることのできる表現も枚挙にいとまがない。そしておきかえによって、意味のひろがりと深さが失われる点でもよく似ているのである。

「気がまえ」—「心がまえ」、「気がいたむ」—「心がいたむ」、「気が大きい」—「心が大きい」、「気が重い」—「心が重い」、「気が沈む」—「心が沈む」、「気が知れない」—「心が知れない」、「気が進まない」―「心が進まない」、「気がすむ」―「心がすむ」、「気がせく」―「心がせく」、「気がそれる」―「心がそれる」、「気がとがめる」―「心がとがめる」、「気がのる」―「心がのる」、「気がはずむ」―「心がはずむ」、「気がふさぐ」―「心がふさぐ」、「気がまぎれる」―「心がまぎれる」、「気がもめる」―「心がもめる」、「気が休まる」―「心が休まる」、「気がゆるむ」―「心がゆるむ」、「気にかなう」―「心にかなう」、「気にとめる」―「心にとめる」、「気のまま」―「心のまま」、「気のまよい」―「心のまよい」、「気の病」―「心の病」、「気を痛める」―「心を痛める」、「気もそぞろ」―「心もそぞろ」、「気を入れる」―「心を入れる」、「気をおく」―「心をおく」、「気をくだく」―「心をくだく」、「気をこめる」―「心をこめる」、「気を静める」―「心を静める」、「気をとられる」―「心をとられる」、「気を通ず」―「心を通ず」、「気をつくす」―「心をつくす」、「気をとめる」―「心をとめる」、「気を晴らす」―「心を晴らす」、「気を張りつめる」―「心を張りつめる」、「気をひきたてる」―「心をひきたてる」、「気を休める」―「心を休める」、「気を楽にする」―「心を楽にする」などの用例は、「気」を「心」でおきかえても意味は通じるが、微妙にニュアンスがちがってくるのに気がつくだろう。

「気」の特徴をよく示すのは、「天気」がよくなると、「気分」が昂揚し、「気が晴れる」し、逆の場合は「気がめいる」といった〈気〉のつながり方である。これは〈気〉が天地のあいだにみち、万物を生ずる根源である以上、当然のことであろう。木村敏氏の表現をかりれば、「気分」や

「気持ち」は、「超個人的な「気」を、個人的な自己が分け持っている様態を言い表わしているのであって、一種外部的、雰囲気的な「気」に自分が個人的に関与して、これを分有している様相である」(4)(『人と人との間』)。〈気〉は自我であり、主観である精神とはことなり、わが〈身〉と他の〈身〉のあいだに瀰漫している。というよりむしろわが〈身〉も、自然物をふくめた他の〈身〉も〈気〉のうちにつつまれ、その内で生起するといった方がよいかもしれない。「だから、自然の様相である「気象」の語が、同時に人間の「気性」をも意味しうることになる」(5)(同書)。

ましてや相手が他人《ひと》であり、「人と人との間」の〈気〉が問題になるときには、相手に「気をつかい」、「気がね」して「気疲れ」するであろう。自分の行動を「気にする」のも、他人《ひと》を意識してである。そこで木村氏は、「「気」は、大部分自分以外の相手との関連において見られており、さらにその多くは、自分自身の「気分」が相手側の事情のみによって動かされている様子を示している」(6)と指摘される。じっさい「気が合う」、「(あの人に)気がある」、「気をへだてる」、「気をゆるす」、「気をまわす」などは、他者との関係においてとらえられた〈気〉であり、さらに「気を利かせる」、「気にかかる」、「気をくばる」、「気を持たせる」、「気をひく」では、多分に他者の側から考えられた〈気〉の配分(「気配り」)が表現されている。

ここに「気」を「心」でおきかえたとき、微妙なニュアンスのちがいが生ずる原因があるといえよう。〈身〉のはたらきの凝縮点としての〈心〉が、個人的・主観的・人称的性格を帯びているのにたいして、〈気〉は超個人的・超主観的・非人称的な特徴をもっている。「こころが自分自身の内部に含まれているものであるのに対して、気はむしろ自分自身を超えて周囲に拡がり、むしろ自分を支配し、規制するもの」[7]（同書）なのである。そこで「気は心」というように、ふつう〈気〉と〈心〉は連続しているが、場合によっては対立することもある。赤塚行雄氏の採集による「気」の用語でいえば、「心は沈んでいた。それと反対に彼の気は興奮していた」（夏目漱石『道草』）というのは、その珍らしい例である。

「気」についてかねがね不思議に思っていたのは、漢語由来の「気」がどうしてこれほど豊かないいまわしをもち、日本人のこころ（心・情・意）のあり方に密着した表現を数多く生みだしたのか、ということである。考えられる理由は二つある。一つは漢語由来とはいえ、〈気〉の概念が、〈自我〉中心であるよりは、〈場〉中心である日本人の精神構造をあらわすのにぴったり適合し、偏好されたという理由であり、もう一つは「気」が漢語由来ではなく、もともと日本語にあったことばであるということである。

大日本国語辞典は、「気《き》」の語源説として、(1)漢語「気」の音、のほかに、(2)イキ（生）の略、(3)キッときざすものであるところから、をあげている。時代別国語大辞典上代篇には、「気《き》」はないが、「気《け》」がみられる。日本国語大辞典は、「気《け》」について、「気」の字の呉音か、一説に訓ともするとのべ、語源諸説として、(1)キ（気）の音転、(2)カグ（齅）のカが変化した語、(3)「気」の訓、ケ、(4)カゼ(風)の反か、(5)キエ(気得)の約音、(6)その小微であるところから、キレ(切)の義、(7)生の義、をあげている。岩波古語辞典は、カボソシ、カヨワシなど接頭語のカ、アキラカ、サヤカなど接尾語のカが、のちに母音変化を起してアキラケシ、サヤケシなどのケとしてもちいられ、ケ(気)となる、カナシゲ、サムゲなどのゲと同根、としている。

「気《き》」と「気《け》」は、同じ漢字をあてるせいもあって、われわれはあまりその区別を意識しない。「血気《き》さかん」にたいして、「血の気《け》が多い」、新しい用法の「気色《きしょく》がわるい」にたいして、旧い用法「気色《けしき》いとよし」(「気色《けしき》ばむ」はいまもよくもちいる)、「中風の気味《き》がある」にたいして、「中風の気《け》がある」、「殺気《き》がみなぎる」にたいして、「刺客の気《け》配を感ずる」(「気配」は、取引用語としては「気《き》配」ともいう)。意味はことなるが、同じ字を使うものに、「気《き》取る」と「気《け》取られる」、「気《き》がある」と「…の気《け》がある」、「人気《き》」と「人気《ひとけ》」などがある。赤塚氏によれば(『「気」の構造』)、現在われわれが使っている「気」の用法は、一七世紀ごろまでに完成したが、そのなかには、一一、二世紀以前の「け」の用法が混在しており、また「け」を「気《き》」として意識するようになるのは『太平記』前後の時代である。[8]

平安時代の「け」、「けはひ」、「もののけ」はもちろん、「気うとい」、「気おされる」、「眠気」、「気振り」、「気高い」などでも、「け」を使う場合は、主体をこえた性格(「物の怪《け》」)や主客未分の面(「けはひ」)が強くのこっていて、主体的・主観的性格は弱い。「け」は一一世紀中ごろから少しずつ「気」に移行し、一四世紀の『太平記』で全般的になるという。それと同時に「気」をとらえる意識にも変化が起ることを赤塚氏は指摘される。[9]「物の怪」は「物の気」と書かれるようになり、「互ニ気《き》ヲ励《はげま》シテ」とか、「些《いささか》モ気《き》ヲ可《ベキ》レ屈《クッス》」というように、「気」を主体的に意識し、内なる「気」を自らあやつろうとする態度を示す用法が出てくるのである。赤塚氏の考察のように、〈気〉は、日本本来の「け」や「いき」と、中国起源の「気」がむすびつき、〈気〉の哲学の影響のもとに宇宙論的な背景をもつものとして洗練されていったと考えるのが妥当であろう。さもなければ、とうてい「気」の用法の多彩さと、「気」の概念が、われわれの生活意識に根を下ろしているその深さを説明することはできないように思われる。

　こうしてみれば、〈身〉と〈気〉は、ともに一つのレベルのカテゴリーにおさまりきらない多重性と、容易にレベルを移行する斜行性をもち、両者は〈心〉のあたりでオーバー・ラップしている。個々のものの本体である非人称的な〈実〉ないし〈身〉は、自己(み)として人称化され、主観化されて、身の凝《こ》りともいうべき〈心〉と相重なる意味をもつようになる。他方、宇宙論的・非人称的な〈気〉も、個々の〈身〉に分有されて、人称的主観性をおび、身とは反対の方向から、〈心〉に近い意味をもつにいたる。ところが〈身〉も〈気〉も、それぞれ少しちがった角度からとはいえ、〈心〉とニュアンスをことにするのである。〈身〉と〈気〉は、いずれも〈心〉に比べると非人称性・自他未分性が強いが、大ざっぱにいえば、〈身〉は凝縮的・局在的であり、〈気〉は拡散的・遍在的であるといえよう。〈気〉については、木村氏や赤塚氏の著書にくわしいので気の諸相は上げなかったが、〈身〉も〈気〉も相貌的特徴あるいは所作的意味によってむすばれたアナロジカルな成層構造をなし、諸層を横切る移行によって新らしい相が生成する網目状の展開を示している。このような網目構造は、のちに述べるように、〈身〉や〈気〉のみならず、自然言語や神話や間テクスト空間、自然の都市や無意識的制度や総体としての文化がもつ特性でもある。

2　リビング・システムの錯綜性

ツリー・セミ－ラティス・ネットワーク

さいしょに「身」ということばのさまざまの用法を上げたが、そのさい困惑したのは、第一に、どのような順序でそれを排列したらよいか、ということであり、第二に、ある「身」の用法の例を上げると、同じ表現が同時に別のレベルの「身」の用法に横すべりしてしまう事例に多くぶつかったということである。前者は「身」にかぎらず、語義の排列法という一般的な問題であり、後者は、竹内芳郎氏の指摘のように(『言語と想像力』)、自然言語がほんらいメタファー的多義性をもつ以上、当然起こる現象である。しかしこの問題の前で立ちどまらざるをえなかったのは、この二つが単にことばの問題であるにとどまらず、「身」ということばが指し示す〈身〉のあり方やはたらき方の構造そのものにかかわっていると感じられたからである。しかもこの二つの問題は相互に密接にからんでいる。より一般的にいえば、いまのべたように、身、自然言語、社会組織といったリビング・システムは、抽象的なレベルで、共通の構造をもつのである。

あることばの語義を排列するさい、辞書が採用する方法に二種類あるのは、よく知られている。第一の方法は、その語義が用いられる頻度順に並べる仕方である。これは現在の使用に重点をおいた実用的分類であり、共時的な頻用度が基準になっている。頻度順の排列は、グラフとしては樹状《ツリー》をなす。しかし厳密に頻度順を立てることは不可能であり、ことばの使用される場面に応じて頻度順はことなるから、この分類法は便宜的なものでしかない。そこで頻度度による順序を立てることができない場合には、さらにつぎの方法が併用される。

第二の排列法は、ことばの原義から出発して、語義の歴史的派生の順に語義をならべる通時的方法である。これは歴史的発生という便宜的ではない方法論に立っているから、より学問的であり、自然の順序という客観性をそなえている。とはいえすべての語義について厳密に発生順を立てることは困難であろう。発生の順序が明瞭でないものについては、頻用順という便宜的な方法によるか、さもなければ派生のもう一つの意味である論理的あるいは心理的派生の秩序に依拠することになる。歴史的発生順の排列は、系統図型であり、樹状《ツリー》をなす。

第三の排列法は、語義の論理的包摂関係による排列である。この方法が自然言語の辞書に独立してもちいられることはないが、前記の二つの方法と併用して、「語義の分類を合理的にする」とか、「妥当な仕方で分類する」とかいわれる場合には、暗に語義の論理的包摂関係が考慮されている。実現はしなかったが、デカルトやライプニッツが、普遍言語の理想的辞書を考えたときには、原初的な単純観念をあらわす原型語からの論理的合成にもとづく辞書を想定していたといえよう（本書第Ⅱ章「双面神としての言語」参照）。この排列は二分法を典型とする分肢法を基準とし、樹状《ツリー》である。

第四は心理的な派生にもとづく排列である。これも独立してもちいられることはなく、論理的排列と同じく、第一、第二の排列法の補助として、心理的合理性ないし心理的妥当性をもった順序を立てるのに使われる。民間語源説にはしばしばこの種の説明がみられる。その原理は広い意味での〈連合〉である。ヒュームは、連合の法則として、〈類似〉、〈時間・空間における接近〉、〈原因・結果の関係〉の三つをあげたが、〈原因・結果の関係〉については、その妥当性に鋭い批判を加えたので、連合心理学で主としてもちいられたのは、〈類似連合〉と〈接近連合〉（原因・結果の関係は接近にまとめられる）である。

言語学的に厳密化された〈系列〉ないし〈範列〉の概念とことなって、なお心理学的要素をのこしていたソシュールの〈連合関係〉は、ほぼ〈類似《リゼンブランス》〉にあたり、〈統合関係〉は、統辞論的な制限がついているとはいえ、形式としては〈接近《コンティギュイティ》（隣接）〉にあたる。ヤーコブソンの場合には、これは選択《セレクション》と結合《コンビネーション》と呼ばれる。選択軸の原理は等価性ないし相似性《シミラリティ》であり、結合軸の原理は隣接性《コンテイギュイティ》である。この基本原理は詩学に拡大されて、意味の相似性（等価性）にもとづく代理である比喩、すなわち隠喩《メタファー》と、隣接性にもとづく代理である比喩、すなわち換喩《メトニミイ》が、詩的機能の二大原理とされる。[10] これはレトリックの問題であるが、一つの語の語義の派生においても、〈類似〉（対立的連合ともいうべきもの（白－黒）をもそのなかに含めて考える）と〈隣接〉が重要なはたらきをしているのはあきらかだろう。一つの語を類似あるいは隣接した別の語で代理するのが比喩だとすれば、一つの語の原義から派生する多様な語義はこの逆の過程をたどるといえよう。つまり原義から隠喩的に類似した語義へ、また換喩的に隣接した語義への移行と移動である。語義の比喩的な自然派生のレベルと、レトリックとしての意識的な比喩の使用のレベルを区別しなければならないのは、もちろんであるが、両者は共通の基盤に立っているのである。

　この問題に関連して、隠喩が成り立つためには、ことばが前提する意味標識、すなわちカテゴリー差が中和され、前提をこえて移行がとげられなければならない、という田島節夫氏の指摘は重要である。これに反して換喩の場合には、意味標識は変様をこうむらず、あたえられた前提のもとで、部分的もしくは完全な包含関係に沿って、意味が移動するにすぎない、[11] と氏は指摘している（傍点市川）。前者の中和化されたカテゴリー交叉とでもいうべきものにもとづく意味の移行は、論理学的にはみとめられない事態であろう。後者についても、その包含関係は、かならずしも論理的な包摂関係ではない。現実の脈絡のなかでの隣接から生れる心理的包含関係であり、このような心理的脈絡に依存したカテゴリー交叉による意味の移動も論理学的には当然みとめられない。田島氏の指摘は、レトリックに関してであるが、一つの語の語義の派生の場合にも同様の現象がみとめられる。

ことばは、さいしょ一つの意味《サンス》をもつとはいえ、その意味は多様な方向《サンス》へ分化する潜在的傾向を含んだ未分化な意味である。それがたとえば二つの意味に分かれたとしても、そのおのおのがまた多様な方向への潜在的傾向を含み、意味の対立によって相互に交叉しない分肢を形づくる可能性もあれば、潜在的交叉の可能性をかくしていることもある。つぎの派生は一次的派生の意味から直接派生する場合や原義と一次的派生の意味の総体から、アマルガム的な両義性をもった意味が派生する場合などさまざまのケースが考えられる。派生の仕方は多様であるが、「み(実・身)」の語義の分化においてみられたように、派生した意味が交叉したり、癒合したりすることは、理性論的な理想言語ではゆるされない。

このような意味の両義的融合や移行が自然言語の語義の自然的派生において起こりうるということと、ことば相互のあいだで意味標識が中和化され、カテゴリーが交叉する意識的隠喩が可能であるということのあいだには、いまのべたように密接な関係がある。これは言語一般がもつ特性であり、したがって「身」ということばの語義の派生にも当然みとめられる。のみならず、

〈身〉のあり方やはたらき方そのものも、類似の特性をもつのであり、さらにいえば、この特性は、人工言語と自然言語を区別し、同時に人為的にきびしくコントロールされた人工的現実と、より自然発生的な社会的現実（人工と自然の区別を厳密に立てることなど社会的現実については不可能なのだから）を区別するものでもある。その区別のすべてではないにしても、重要な側面は何であろうか。

まずさきほどの語義の排列法を図式化してみよう。頻度順排列と発生順排列および論理的排列は、樹状《ツリー》分岐型の図式を形づくっている。このうち頻度順排列と発生順排列は、ことばの意味の問題を捨象しているが、じっさいにもちいられるさいには、それだけで排列を決定することはできず、論理的排列や心理的排列が考慮される。のみならず頻度順や発生順の構造そのものが、すでに意味の論理的包摂関係や心理的連合関係に影響されていることはあきらかであろう。意味を考慮しない前者の排列法は、事実上意味にもとづく後者の分肢図式を派生の段階か、排列の段階のいずれかにおいて包含している。発生的系列はある時点では樹状分肢を示していたとしても、つぎの時代には、ことなった時期に派生した語義が癒合したり、より以前の派生分肢点《ノード》から新たに発生した語義の樹状《ツリー》分肢がその上に重合されたりすることによって、網状交叉《ネットワーク》分肢型の図式となる。

さらにいえば、ばくぜんとした意味のひろがりをもっていた原義（たとえば〈み〉）が、言語使用のなかで内部的に分節化され、他のことば（たとえば「からだ」）との前意識的な差異と対立、そのうえ意識的に定義された論理的使用と意識的に転位された比喩的使用などを通じて、さいしょにもっていた語義のひろがりをこえて拡大されるといった方がいいかもしれない。こうしてみれば、〈意味〉を内包した事実上の分肢、したがってそれを考慮したじっさい上の排列の図式には、大きく分けて「樹状《ツリー》分肢型の図式」と「網状交叉《ネットワーク》分肢型の図式」の二種があることがわかる。

ツリーとセミ－ラティス

この問題に関連して興味深い示唆をあたえるのは、建築＝環境デザイナー、クリストファー・アレグザンダーの『都市は樹《ツリー》ではない』である。[12] 一九六五年のカウフマン国際デザイン賞を受賞したこの論文で、アレグザンダーは、長年にわたって多かれ少なかれ自然にでき上ってきた〈自然の都市《ナチュラル・シティ》〉と、デザイナーやプランナーによって念入りに作り出された〈人工都市《アーティフィシャル・シティ》〉を比較検討した。その結果、人工的な都市には何か本質的なものが欠けているという人びとの直感には、根拠があることを証明した。欠けているものは、古い都市にある具体的なみかけ（家並の入り組み、路地、広場、高密度の生活空間など）そのものではなく、その背後にかくされている抽象的構造である。その背後の構造を認識することなしに、具体的な古いみかけを近代的な形で復元しても、新らしいものの創造にはならない。それどころかむしろ荒廃を促進するにすぎない、とアレグザンダーは主張する。

アレグザンダーによれば、〈人工の都市〉の典型である現代の計画都市は、その抽象的な秩序のレベルで〈ツリー構造〉をもち、〈自然の都市〉は〈セミ・ラティス構造〉をもつという。ツリー(樹)とセミ・ラティス(半束)は、ともに多くの小さなシステムの巨大な集まりが、どのようにして一つの巨大で複雑なシステムを構成するか、を考える二つのタイプの思考法である。さらに一般的にいえば、集合《セット》の構造の名前である。セットは、われわれがなんらかの理由で相互に帰属し合っていると考える要素《エレメント》(都市のデザインに即していえば、人びと、芝生、自動車、レンガ、家、水道管、そのなかを流れる水の分子など)の集まりである。セットのもろもろのエレメントが共同で作用し、あるいはたがいにはたらきかけ合うことによって、相互に帰属し合うとき、エレメントから成るセットをアレグザンダーは、系《システム》と名づける。

システムには変化する部分(人びと、売られる新聞、金、電気的信号、流れる水など)と変化しない固定した容器の部分(新聞スタンド、交通信号、道路、建物、電線や電話回線、水道管など)がある。この固定された部分を都市の構成単位《ユニット》という。ユニットとしてのまとまりは、そのエレメントをたがいに結びつける力と、ユニットを固定した変化しない部分として含む、より大きなリビング・システムがもつ動的なまとまりから生まれる。つまりエレメントは、なんらかの内的な結合力によってまとまりをもち、共同で作用して、セットを構成する。おのおののセットは、都市のユニットである物理的に固定した部分を含んでいるというわけだ。都市にある無数の固定した具体的なサブ・セットは、システムの容器であり、意味のある物的ユニットとみなすことができる。

サブ・セットがえらばれると、サブ・セットのあいだにもろもろの関係が生まれるから、サブ・セットの集まりは明確な構造をもつことになる。アレグザンダーは、これをつぎのように抽象化して説明している。いま都市のうちに存在する無数の現実の因子をとり上げるかわりに、六つのエレメントからなる、より単純な構造を考える。いまこれらのエレメントに1から6までの番号をつけ、これらのエレメントをすべて含むセット(1、2、3、4、5、6)とまったく含まないセット(一)とエレメントを一つしかもたないセット(1)、(2)、(3)、(4)、(5)、(6)の三つをのぞくと、六つのエレメントから、五六通りのことなったサブ・セットがえられる。

このうちから任意のセットをえらぶとする。たとえば(1、2、3)、(3、4)、(4、5)、(2、3、4)、(3、4、5)、(1、2、3、4、5)、(3、4、5、6)、をえらぶと、これらのセットのあいだには、三種の関係があることがわかる。第一は、(3、4)が(3、4、5)や(3、4、5、6)の部分であるように、あるセットは、より大きなセットに完全に包摂される。第二は(1、2、3)と(2、3、4)のように重なり合うセットである。第三は、(1、2、3)と(4、5)のように、共通のエレメントを含まず、たがいに無関係なセットである。つまりサブ・

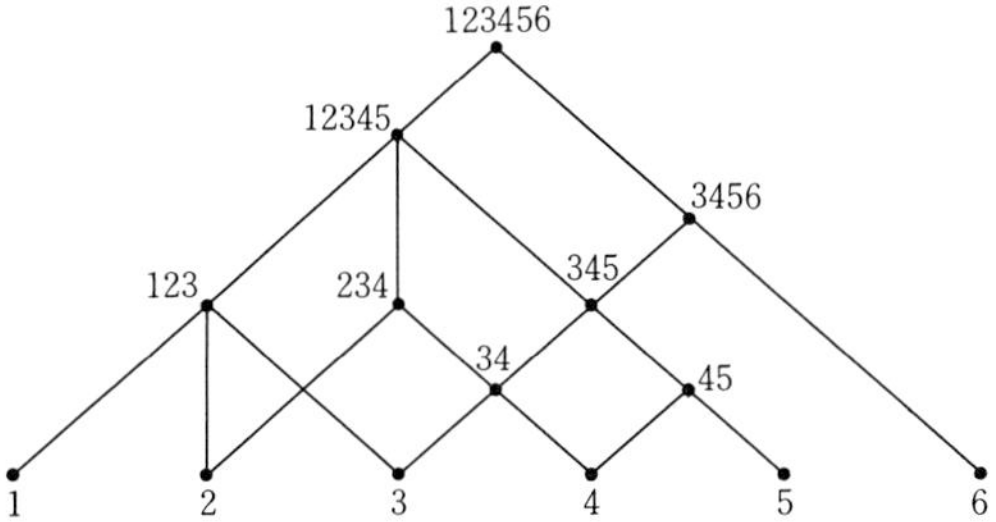

1 a（以下図はすべて Design 誌より）

セットのえらび方によって、全体としてのサブ・セットの全般的な構造がきまる。アレグザンダーは、この構造がある条件を満足するとき、〈セミ・ラティス〉と呼び、もっと制限の強い条件を満足するとき〈ツリー〉と呼ぶ。

〈セミ・ラティス〉はつぎのように定義される。「セットの集まりは、つぎの場合、そしてその場合にのみ〈セミ・ラティス〉を形成する。すなわち二つの重なり合うセットがこの集まりに属するとき、両者に共通なエレメントのセットもこの集まりに属している。[13]」（**1a**）のグラフに示される構造はセミ・ラティスである。たとえば（2、3、4）と（3、4、5）はともにこの集まりに属しており、両者の共通部分（3、4）もまた、この集まりに属している。都市に関していえば、二つのユニットが重なり合う場合は、いつでも重なり合った領域がそれ自身認知できる実在であり、それゆえユニットでもある。

アレグザンダーの上げている例でいえば、街角にドラッグ・ストアがあり、その外に交通信号があるとする。ドラッグ・ストアの入口には新聞スタンドがあって、当日の新聞が並んでいる。信号が赤であると待っている人びとは、ぼんやり立っているが、新聞を眺めて見出しを読む人もあれば、じっさいに買う人もある。ドラッグ・ストアに入る人も、立ちどまって新聞をちらっと眺めたり、買ったりする。この場合、一つのユニットは、新聞スタンドと歩道と交通信号から成り、もう一つのユニットは、ドラッグ・ストアそのものとその入口と新聞スタンドからなる。この二つのユニットは新聞スタンドで重なり合っており、この重なった領域は、それ自身認知できるユニットである。したがってこの集まりの構造は、セミ・ラティスである。

これにたいして〈ツリー〉の定義は、「セットの集まりがツリーを形成するのはつぎの場合、そしてその場合のみである。この集まりに属する任意の二つのセットをとれば、一方が他方に完全に含まれるか、まったく無関係かのいずれかである。(14)」(**1b**)に示された構造はツリーである。

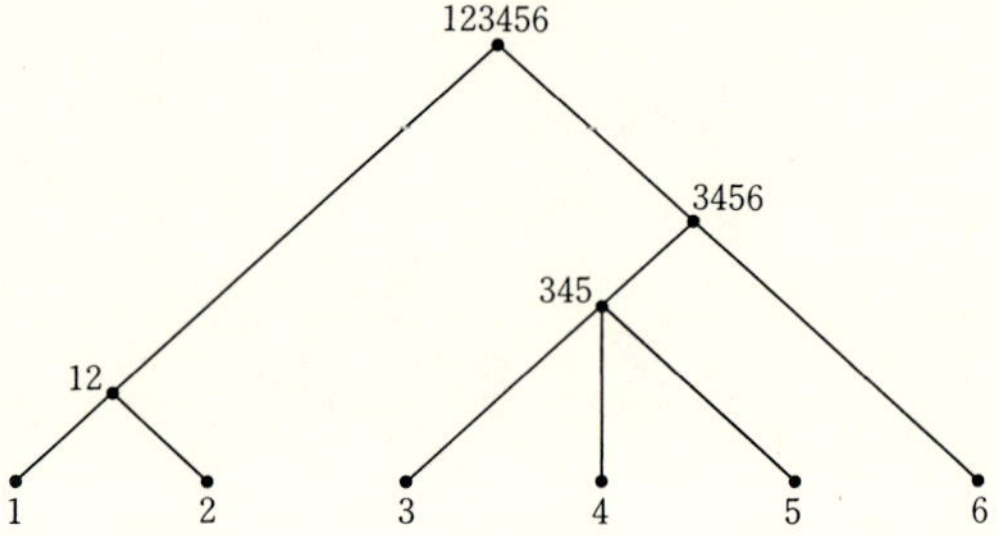

1b

アレグザンダーがこの二つの構造をとり出した主な目的は、そのなかで重なり合い《オーバー・ラップ》(一方が他方に完全に含まれる場合はのぞく)が起こる構造と起こらない構造のちがいを対比するためである。

この二つの構造のちがいは、第一は重なり合いの有無であるが、より重要なのは、セミ・ラティスがツリーよりも、はるかに複雑で微妙な構造になる可能性をもっているということである。

アレグザンダーはセミ・ラティスの複雑さの例として、二〇個のエレメントから成るツリーは、せいぜい一九個のサブ・セットを含むにすぎないが、二〇個のエレメントから成るセミ・ラティスは百万通り以上のことなったサブ・セットをもつことができる、という点をあげている。ところがツリー型の思考は思考法としては、きわめてすっきりしていて美しく、かつ複雑なものをユニットに分割する単純で明晰な方法を提供してくれる。

そこで自然の構造はつねにセミ・ラティスであるにもかかわらず、われわれは、錯綜したセミ・ラティス構造をツリーとして見ることができるときには、いつもツリーに還元する傾向がある。というのもツリーは心に思い浮べやすく、扱いやすいが、セミ・ラティスを思い浮べることはむずかしいからである。アレグザンダーは、フレデリック・バートレットの実験の例を上げている。円と三角形が重なり合った比較的簡単な図形を四分の一秒見せて、記憶した図形を描かせると、多くの人が、円と三角形の重なり合いを避け、ユニットが重複しない図形を描くのである。

都市のような構造は、その内部でセットが重なり合うことを要求する。ところが都市計画家はそのような構造をさけ、あくまで都市をツリー構造として考えようとする。アレグザンダーはその理由を二つ上げる。第一は、われわれの心の機能は、本来混沌とした状況のうちにあるあいまいさや重なり合いを減らすことにあり、あいまいさにたいして基本的に非寛容だからである。第二には、ツリーは一回の心のはたらきで視覚化することができるが、セミ・ラティスは一度の操

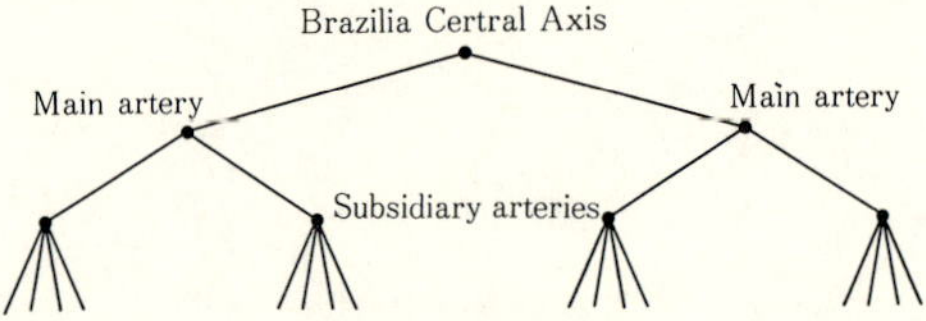

2a

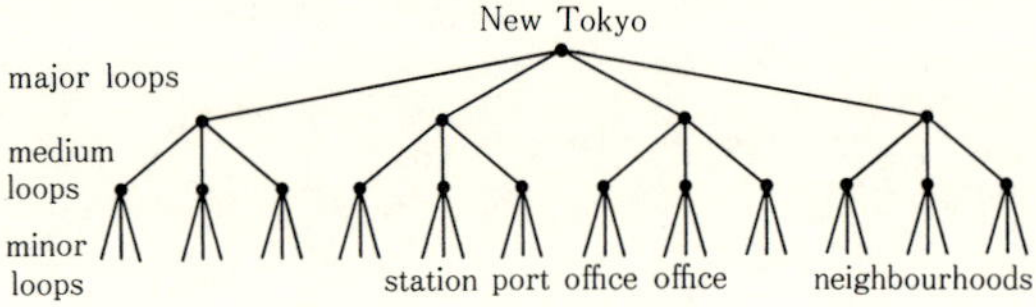

2b

作では、目に見える形にすることができないという理由による。

アレグザンダーは、ニーマイヤーらのブラジリア計画、ル・コルビュジエのシャンディガール計画、丹下健三の東京海上都市計画など現代の都市計画家がじっさいに実現した、あるいはプロジェクトにとどまった有名な九つの都市計画を分析して、それらがすべてツリー構造をなしていることをあきらかにした。これらの計画では、いかなるユニットも全体としてのユニットを介さないで他のユニットとむすびつくことはないというツリー原理がおどろくほど几帳面に守られている(**2a**・**2b**)。こうして実現した計画都市が生活機能の上で奇妙な荒廃におちいっていることはよく知られている。

グループ分けとカテゴリー化は、われわれの思考の基本的なはたらきであるが、その原理は分離であり、重合・交叉をできるかぎりさけた樹状《ツリー》ないし系統図状のピラミッド型の分岐図式を作ったとき、われわれはもっと安心する。

合理論の思考展開に典型的にみられるように、ヨーロッパ哲学の主流もまた多義性の発生を極力さけた樹状《ツリー》の図式を構成しようと努力してきたのはあきらかであろう。もちろん重合ないし交叉は、グループ化による初歩的な分類やカテゴリー表のなかにもすでにみられる。アレグザンダーのあげている例でいえば、オレンジ、西瓜(黒部水瓜のように断面が楕円のもの)、フットボール、テニス・ボールを分類する場合がそれである。オレンジと西瓜(果物)とフットボールとテニス・ボール(ボール)に分ける人もあれば、形からオレンジとテニス・ボール、西瓜とフットボールに分ける人もあるだろう。グループ分けの一つ一つをみればツリー構造であるが(**3a**・**3b**)、二つが重なるとセミ・ラティス構造になる(**3c**)。分類基準になる変項の数が少ない場合は、セミ・ラティスはほとんど直観的にツリーに還元されてしまう。

これにたいして分類基準の数が多い多変項分類体系では、一度の心的操作でそれを表象することも、また逆にツリーに還元することも困難である。したがって変数がふえればふえるほど直観的にはあいまいで、多義的な印象をあたえるが、理論的にはその多義性は明確に定義されている。構造主義の多変項分類表は適切な分類軸をえらぶことにより、直観的にはあいまいな現象のうちに、かくされた明確な構造をみいだそうとする試みといえよう。

これは当然分類の軸が概念的に固定され、保存されることによって可能となる。ピアジェのいう均衡状態が前提されないと、分類表は成立しない。構造主義が共時的均衡にある構造をとり上げるのも同じ理由による。セミ・ラティスという概念自体が、数学上の概念である以上、それは当然のことであろう（アレグザンダーのいうセミ・ラティスは、重なり合うセットだけを問題にしているから、セミ・ラティスのうち、交わり（$a \cap c$）だけが問題にされるローワー・セミ・ラティス（下半束）にあたる。

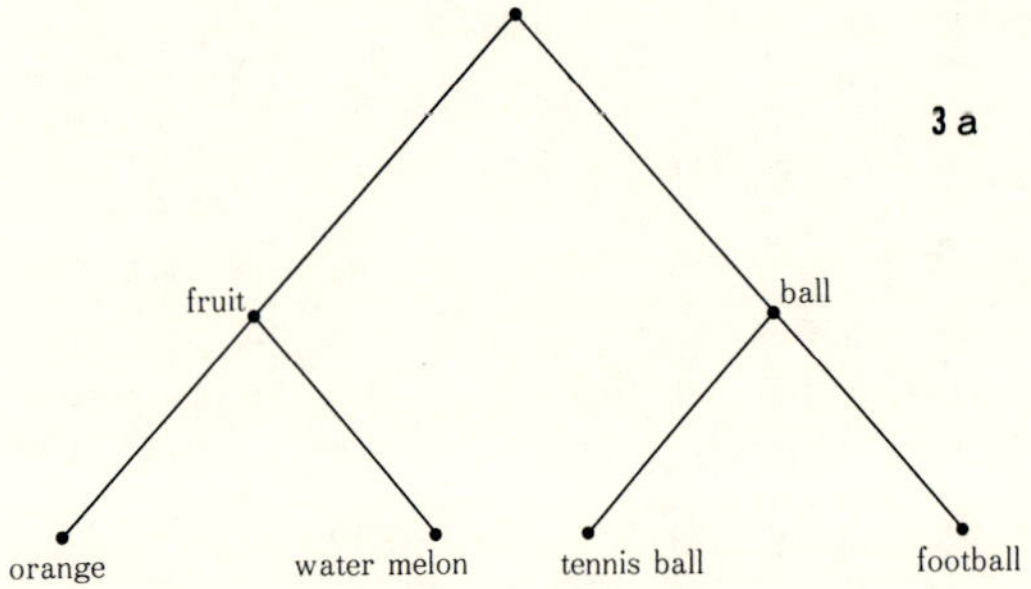

3 a

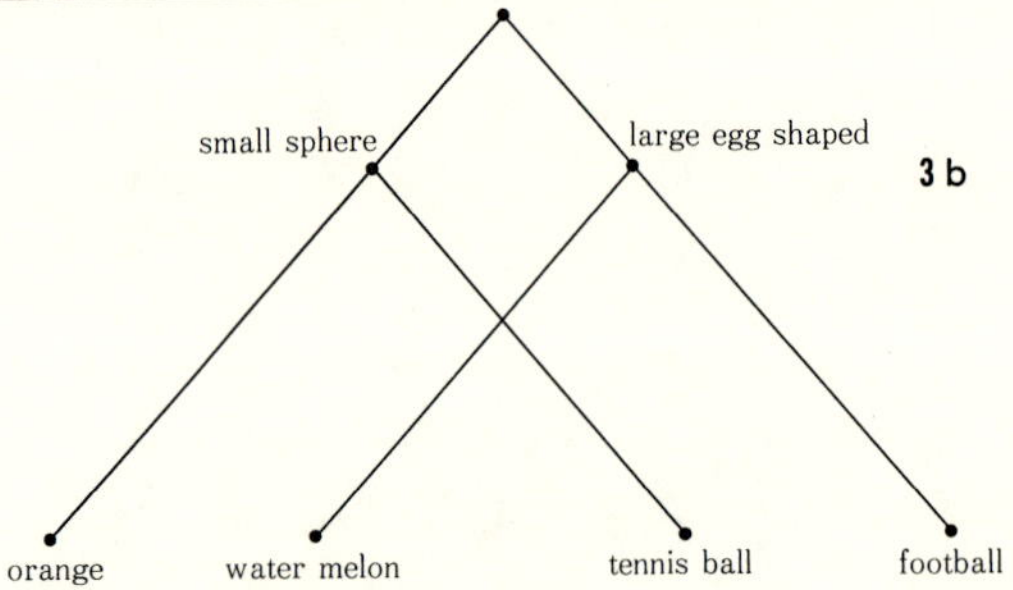

3 b

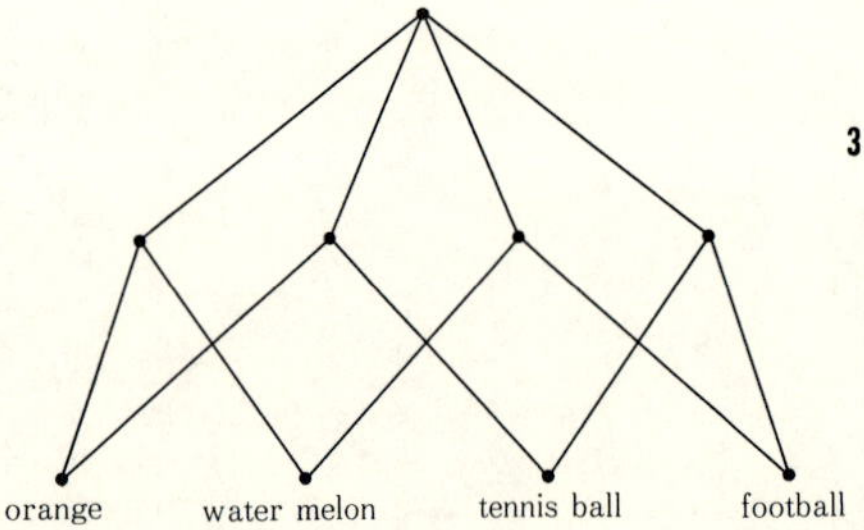

3 c

ところが「いわゆる〈在る〉(be)というのは〔数学的〕構造に乗りやすいが、〈成る〉(become)という方は仲々構造化されにくい」[15](銀林浩)のであり、セミ・ラティスも、〈成った〉ときの理想的均衡状態、あるいはむしろ先どりされた〈成る〉可能性を示している。「〈成る〉論理の開拓は今後大事な問題となってくるに違いない」[16](同)としても、セミ・ラティス自体は〈成る〉論理ではない。これは構造主義がかかえている問題でもあるだろう。ヘーゲル流の弁証法は、ツリー型を基本にした生成の論理であり、これにたいしてピアジェは、確率論的均衡化という考え方を提出して、ゲームの理論の用語で説明しているが、まだ素描にとどまっている。

じっさいアレグザンダーのいうあいまい性(多義性)は、セミ・ラティス構造の複雑さからくるもののみとはいえない。というのも現実の都市の構造において発生する重なり合いは、概念的に定義されたセットの重なり合いとはことなるからである。アレグザンダーのあげた例でいえば、新聞スタンドがドラッグ・ストアとセットをなすと同時に、信号とセットをなし、二つのセットが新聞スタンドで重なり合うのは、単にエレメントの物理的隣接のみによるのではない。それはリビング・システム全体がもつ動的性格、ことに人間の行動によるのであり、隣接していても重なり合うセットをなさない場合があるし、隣接していなくてもセットをなす場合がある。〈交わり〉は、人間の活動において発生するからである。

組織においても、官僚機構の組織図は、典型的なツリー構造をなしているが、じっさいの行政においては、しばしば上位組織を介することなく、横断的に実務が行なわれる。トフラーのいうアド・ホックな組織(すぐやる課やプロジェクト・チーム)が非公式にか(私はこれを別の論文「新しい産業社会の組織――〈ツリー〉・〈ネットワーク〉・〈ネビラス・コンプレックス〉」(『明治大学商学論叢』六七巻二―七号)で「シャドー・システム」と名づけた)、公式にか組織され、行政機構は、じっさいのはたらきにおいては、セミ・ラティス構造に近くなるのである。いわゆる官僚組織は、ハイアラーキー型閉鎖社会においては、よく機能する能率的な制度であるが、開かれた社会にはかならずしも適合しない。そこで現代の社会組織は、静的な組織図ではツリー構造をなしていても、機能の上では、じっさいの運営によって、あるいは補助的なアド・ホック組織を組み込むことによって、セミ・ラティス構造に近づくのである。もしツリーが厳格に守られると都市も組織も荒廃と崩壊へ向かう。「いかなる有機体においても、過度の区画化と内的要素の分離は、来るべき崩壊の最初のしるしである。社会においては、分離は社会的無秩序《アナーキー》であり、個人においては、分裂症とさし迫った自殺の徴候である。[17]」

したがってアレグザンダーのいわゆるセミ・ラティス構造をもった現実のシステムは、直観的には把握しきれない重合構造の複雑さから来る多義性と、たえずシステム自体が人間の行動のなかで作られてゆく、という生成の不確定性から来る多義性の両面があることがわかるだろう。ある特定のセミ・ラティス構造を前提にすれば、重なり合う部分のセットは、〈元〉であるセットの

〈交わり〉として明確に定義される。しかし現実のセット（都市の場合、たとえば目にみえるユニットとしての新聞スタンド）から出発すれば、それは人間の行動ないし全体のリビング・システムとの関係でさまざまのセットに包含される可能性がある。したがってあるユニットの性格は明確に定義されず、多義的であり、全体の構造も抽象的レベルでしか確定されない。数学は可能性の領域にあり、セミ・ラティスは、任意の〈元〉をえらぶことをみとめるから、現実的構造をセミ・ラティスの一事例として解釈することはできるが、セミ・ラティス・モデルが許容するすべての構造が、現実に可能であるわけではない。

こうしてみれば、さいしょに「身」の語義を分類し、〈身〉のはたらきをあきらかにしようとしたときぶつかった困難は、「身」の語義がもつ秩序や〈身〉のはたらきの成層性を、無意識のうちにツリー型に整序しようとしたことから生まれたといえよう。樹状型《ツリー》の図式は、自然言語としての「身」の意味体系や、自然的‐歴史的存在としての〈身〉のはたらきのセミ・ラティス型の構造をおおうことができないのである。「身」ということばは、他のことばとの差異と対立において語義が明確化される。

しかしその一方、原義の未分化性を回復することによって、あるいは他のことばの語義との交叉・重合や類比によって、すでに分節化された語義の分類軸が中和化され、一つのことばのなかで語義の横すべりが起こることもある。これは事態としての〈身〉が、みずからをさまざまのレベルや層に横すべりさせつつ、世界の構造を分節化し、その反照として自らを分節化する〈身分け〉(後述)の構造でもあるだろう。前著『精神としての身体』でものべたように、身は、現実的および潜在的・可能的統合をふくむ錯綜体であり、その錯綜体の構造は、身が分節化し、またそれによって身が分節化される世界の構造に対応している。両者の構造は、類比的な共軛関係にある。身の多重帰属性は、世界にかかわるわれわれの〈身〉のあり方が、セミ・ラティス的な構造をもっていることを示している。

アレグザンダーは、論旨を明快にするために、単純化したモデルをもちいてセミ・ラティスを説明しているが、その真意は、複雑で、微妙な現実の構造の抽象的な特性をあきらかにしようとする点にあったことを想起すべきであろう。「セミ・ラティスは、ツリーと比較すれば、複雑な織物の構造であり、生けるもの――偉大な絵画や交響曲の構造である。[18]」ツリー型に明確に分節化され、カテゴリー化されないものを避けるべきではない。重なり合いとか、あいまいさとか、多様な様相といった観念を含むセミ・ラティスは、厳格なツリーより秩序が少ないわけではなく、むしろより以上に秩序立っている。

ヴァレリーが指摘するように、人間が作るものにおいては、全体は部分より単純である。これは部分(自然物)は、セミ・ラティス的構造をもつのにたいして、全体は、ツリー状の構造をあたえられるからである。『エウパリノス』に登場するソクラテスはいう。人間が作ったものとなると、「その構造は……一種の無秩序だ。[19]」セミ・ラティスの多義性は、「構造についての、より厚味のある、より強靭な、一層微妙で複雑な見方を反映している[20]」のである。つぎにふれるドゥルーズとガタリも同じような指摘をしている。「何かを正確に指示するためには不正確な表現が不可欠である(……)不正確さは、近似値などでは決してなく、反対に生成するものの正確な経路である[21]」と。

アルブル・ラディセル・リゾーム

アレグザンダーの論文から約十年後、ドゥルーズとガタリは、きわめて類似した発想の『リゾーム』を書き、そのなかで〈樹木《アルブル》(ツリー)〉ないし〈根《ラシーヌ》〉と、〈側根《ラデイセル》〉ないし〈叢生状の根〉のシステムと、〈根茎《リゾーム》〉ないし〈網目《レゾー》〉の三つのシステムを対比した[22]。ことばの上からみて、樹木《アルブル》がツリーに、網目《レゾー》(数学用語としては束、すなわちラティス)がセミ・ラティス(半束)と対応することはあきらかであるが、実質的にも両者の思考にはいちじるしい類縁性がみられる[23]。

ドゥルーズとガタリは、まず〈樹〉を規定する。〈樹《アルブル》〉ないし〈根《ラシーヌ》〉は、一が二になり、二が四になり……という〈一者〉の法則をたえず展開する。このような二分法にもとづく二元論的論理は、〈樹－根〉の精神的現実であり、そこには要《かなめ》となる強い統一が仮定されている。これは主体の側であるが、客体の側についても本質的には変らない。自然の方法にしたがって、〈一〉から直接三、四あるいは五に移行することもありうるとはいえ(三分法とか、四分法とか、五分法)、複数の一義的関係が二元論理に代ったただけで、二次的な根を支える軸となる強い要の統一はやはり要求されている。

ドゥルーズとガタリは、指揮系統の樹状組織についてのべたロザンティエールとプティトーのことばをひいているが、その叙述は、アレグザンダーのツリーの叙述に見事に照応している。「ハイアラーキー構造に最優位性をみとめることは、結局樹状構造に特権をあたえることである。(……)ハイアラーキー的組織においては、一人の個人は、自分の上位の序列にあるただ一人の活動的隣接者しかみとめない。(……)伝達経路は前もって確立されており、樹状組織は個人に先立って存在し、個人は樹状組織のあるきまった場所に組み込まれる。(24)」これを逆にいえば、個人は別の指揮系統の上位者には属さず、そのグループから分離していることを意味するから、この組織はまさにアレグザンダーのいう〈ツリー〉にあたる。

これにたいして〈側根《ラディセル》システム〉においては、要の根は流産され、その先が破壊されているが、二次的な根というありふれた直接的多様体がその上に接がれ、叢生状に茂っている。これはいわばにせの多様体であって、その統一は、すぎさったもの、あるいはきたるべきものとして、要するに可能的なものとしてやはり存続している。自然的現実は要の根の流産という姿であらわれるとしても、精神的現実が、こんどはより包括的な秘密の統一、より広汎な全体性への要求を示すことによってこの状態を補うのである。つまり客体において統一がたえず妨げられる一方、新しいタイプの統一が主体において支配する。そこでもっとも断片的な作品が、全体的〈作品〉として提出される、という一見逆説的なことも起こるわけだ。したがってこの叢生状システムは、二元論とも、主区体と客体の、また自然的現実と精神的現実の相補性とも、本当には手を切っていない擬似‐多様体にすぎない、と二人は批判する。

この点で、アレグザンダーの〈セミ・ラティス〉はむしろ〈ラディセル・システム〉だ、という柄谷行人氏の指摘は正しい。それはセミ・ラティスがしばしばツリーに還元可能であり、アレグザンダーが建築家として、それぞれの場所に、統一する力を与える構築物とその配置を考えなければならない点からも、当然予想されることである。しかし空間や建物はそこに活動する人間の行動との関係でシステムをなす。その意味ではプロセスとしてもラディセル・システムと手を切ったリゾームが可能であるか、ラディセル・システムが否定的な意味しかもちえないかどうかは、もう一度考え直してみなければならない。

最後に〈根茎《リゾーム》〉であるが、ドゥルーズとガタリは、その特徴としてつぎのような点をあげている。第一に、リゾームの任意の一点は、他の任意の一点と結合しうるし、結合すべきである。このような結合は、当然包摂的従属関係でもなければ、無‐関係でもない重なり合うセットを構成する。そして両者に共通のエレメントのセットは、やはりリゾームに属するであろうから、そのかぎりアレグザンダーのいうセミ・ラティスに酷似している。そしてリゾームにおいてもセミ・ラティスにおいても、結合するエレメントは異質なものであってかまわない。

第二に、もろもろの多様体はリゾーム状であり、主体あるいは客体としての〈一者〉にも、自然的現実ないし精神的現実としての〈一者〉にも、イメージと世界としての〈一者〉にもかかわらない。客体において軸の役目をはたし、主体において分割される統一は存在しない。多様体は主体も客体ももたず、ただもろもろの限定や大きさや次元をもつにすぎず、それらが増殖すると、多様体は性質を変える。したがって組合わせの法則も多様体とともに増殖するわけだ。これはセミ・ラティス——ことに均衡状態のセミ・ラティスではなく、生成状態のセミ・ラティス——の性質でもある。しかし精神的現実はあらゆるところにたえず統一を予想する(サルトルの『存在と無』の対自存在が到達しようとする〈即自‐対自〉、『弁証法的理性批判』の大文字の〈真理〉、在来のプルースト解釈など)。

ドゥルーズとガタリはしかし、そのような補完的統一作用をも徹底的に拒否しようとする。リゾームないし多様体は、当のシステムの次元を補う空次元のうちではたらく統一、といった超コード化作用を受け入れない。むしろもろもろの多様体は外によって定義される。この区別は重要である。統一的全体を予想する欠如分としての補次元にたいして、〈外〉はむしろ〈他〉を意味するであろう。〈外〉は、補次元とそのうちにはたらく超コード化作用の不可能性である。すなわち多様体は他の多様体とむすびつくとき、脱出し、非属領化する抽象的な線にしたがって性質を変えるが、その線によって、したがって〈外〉によって定義されるのである。

このようなシステムは、均衡状態において考えられたセミ・ラティスとはことなるが、アレグザンダーのセミ・ラティスも、じっさいは、はたらきにおいて成立するシステムである。かれが例に上げている開かれた社会の友人関係のシステム(4a)や、都市のエレメントのセットからなるシステムは、ツリーとちがって、前もって設定されていない、新らしい〈交わり〉を生みだす非中心化的なシステムであり、リゾーム的なものとして理解されるべきであろう。

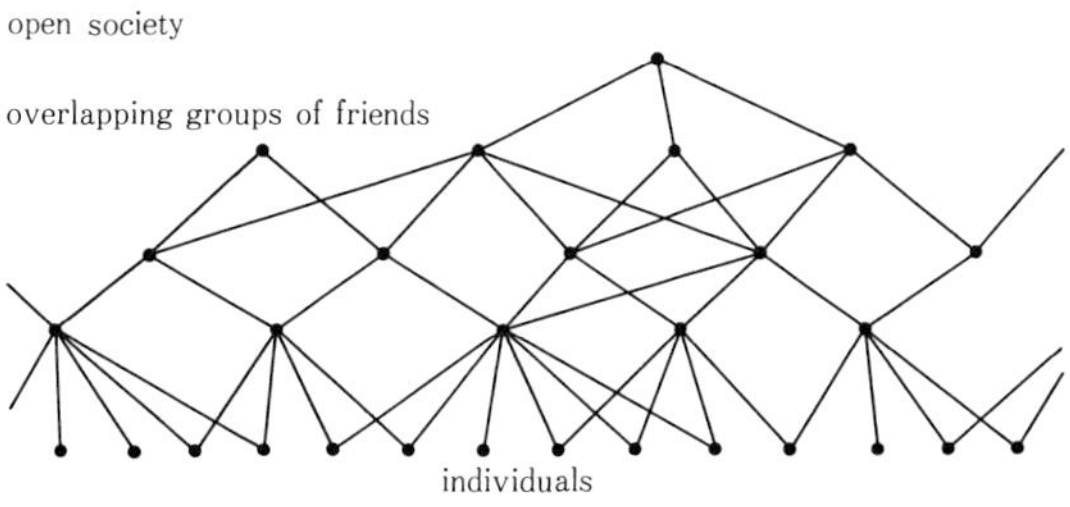

4a

第三に、リゾームは任意の一点で切断されうる。この非意味的切断の原理は、諸構造を分かち、一つの構造に切れ目を入れるあまりにも有意味的な分割に対抗するものである。たしかにすべてのリゾームは、分節性をそなえたもろもろの線を含んでいて、それらの線にしたがってリゾームは成層化され、属領化され、組織されている。しかしまた同時に非属領化の線をも含んでおり、それらを介してリゾームは、たえず脱出する。分節的な線が脱出線のうちに破裂するごとに、リゾームのうちに切断が生ずるが、脱出線はリゾームの一部なのである。これらの線はたがいにたがいへ送りとどけ合っている。こうして非属領化の動きと再属領化の過程は、相対的であり、たえず接合されているわけだ。異質的であるかぎりにおいてリゾームを構成する二項の関係は、相互に一方の他方への生成としてとらえることが可能である。その場合は、生成のおのおのが、二項のうちの一方の項の非属領化と他方の項の再属領化を保証する、ということになる。ここにあるのは、一つの共通のリゾームから構成された脱出線のなかでの異質な系列《セリー》の炸裂である。

ドゥルーズとガタリは、系統図的なモデルがあてはまると考えられてきた進化についても、進化の図式はもはや単に最も分化の度合の低いものから、最も分化したものへと進む樹状血統図のモデルにしたがって作られるのみではない、という。そして直接異質なもののうちではたらき、すでに分化した一つの線から、他の線へとび移るリゾームにしたがって進化の図式が作られる可能性を示唆するのである。分化したもろもろの線のあいだの横断的な交通は、系統樹を混乱させるのであり、リゾームは反系統図《アンチ・ジェネアロジー》なのである。さきにのべたように、ことばの派生にみられる語義の交叉や移行は、樹状分肢図式を混乱させた。また個人の生活史や社会の歴史にみられるヒステリシス（履歴現象）やタイム・スキップ、その他さまざまの横断的・斜行的関係の発生も、系統樹を乱すものであり、そうした反ツリー型の関係が、セミ・ラティスを構成し、リゾームを発生させる。

第四に、リゾームは、いかなる構造的ないし生成的モデルにも属さない。それは生成軸や深層構造という観念とは無関係である。生成軸は、継起的な諸段階がその上に組織される客観的な軸的統一のようなものであり、深層構造は、〈直接構成素〉に分解可能な一連の〈基底〉のようなものだが、その基底から生成されたものの統一は、もう一つの次元——変形の次元、主観の次元に移行するのである。それらは樹木の論理と同じく、無限に再現可能な複写の原理である。これにたいしてドゥルーズとガタリは、リゾームを地図になぞらえる。地図は現実にはたらきかける実験を全面的にめざしている。それは実行の問題、選択の問題であり、つねに〈同じもの〉に帰る複写とちがって、多数の入口をもつ。あたかも「われわれはその神殿から出て遠ざかることもできるし、帰ることもできる。別の入口から……」(ヴァレリー『エウパリノス』)[25]と表現されている音楽構造体のように。リゾームは再生の対象ではない。それにつねに産出され、構成されるべき地図——つねに分解し、接合し、逆転し、修正することが可能であり、多数の出入口をもち、もろもろの脱出線をそなえた地図にかかわっている。

それゆえリゾームは、樹状《ツリー》のシステムのように、ハイアラーキー型伝達と、前もって確立された連結をもつ中心化されたシステムではない。のみならず多中心化されたシステムでさえない。それは諸状態の交通のみによって定義される非中心化システムであり、あらゆる種類の〈生成〉である。アレグザンダーのセミ・ラティスにおいて可能であったように、リゾームにおいては、コミュニケーションはある隣接者から任意の隣接者へと行なわれる。しかし「隣接者」ということばによって、空間的・時間的隣接のみを想い浮べるべきではない。リゾームにおいては、分化した線のあいだの飛びこえさえ起こりうるのだから、空間的・時間的にはなれた隣接者があり、横断や斜行、ヒステリシスやタイム・スキップが新しい隣接者をみいだすのである。グラフの場合（たとえばアレグザンダーの「開いた社会の友人関係」のグラフ）、二つの端点が共通の辺をもつとき隣接している、といわれるような意味で隣接しているのであり、これは現実の空間的・時間的隣接と同じではない。

リゾーム状の非中心化されたコミュニケーション・システムにおいては、茎ないし水路は前もって存在せず、個体はすべて交換可能であり、ある瞬間の状態によってのみ定義される。現実に「情報の流通を調整するグラフは、いわばハイアラーキー型グラフの反対である……。グラフが樹〔ツリー〕である理由はない」(26)（ロザンティエールとプティトー）。ツリーは閉じた道を含まない連結グラフであるから、コミュニケーション（物にしろ、人にしろ、情報にしろその移動）は、狭く制限され（上位の連結点《ノード》を介さない横断は不可能である）、必然的に中心化がおこる。それにたいしてリゾームやセミ・ラティスのように多数の閉じた道を含む連結グラフでは、任意の二点は適当な線をたどってつながるから、コミュニケーションは、より自由であり、非中心化されている。逆にある任意の点をとれば、多様な隣接する辺（それぞれもう一つの端点をもつ）をみいだすことができるから、点に対応する現実の項の性質に応じて、多義性、多重帰属性、依他性、不確定性などの性質をおびることになるだろう。

さらにこのことは局地と全体の関係が、ツリー・タイプとはまったくことなったものとなることを予想させる。ドゥルーズとガタリは、局地的なはたらきはたがいに整序し合い、全体の最終的な結果は、中央の要求とはかかわりなく、同期化して生ずる、という。また少し角度を変えて、非中心化システムの主要な性格は、計算が網目《レゾー》(多様体)の全体においてなされるので、局地的な発意が、中央の要求とは独立に整序される点にある、とものべている。このリゾーム・タイプのシステム意識について考えれば、「非中心化システムとしての無意識」あるいは「有限自動装置の機械的な網目としての無意識[27]」という観念に到達するだろう。リゾームは、こうした意味での無意識の産出そのものとされる。

ロボットをも意味する「有限自動装置」という表現は誤解をまねきやすいが、有限オートマトンでは、「各瞬間において、現在の内部状態にだけ依存する出力を放出し、現在の内部状態と入力の関数として次の瞬間における内部状態が決定される」(岩波数学辞典)から、ドゥルーズの「文学機械」という概念の一般化として、主観や将軍のような中心的装置がなく、諸状態の交通によってのみ定義される非中心化システムを意味する比喩と解してよいだろう。

このようなシステムを理解しようとするとき、われわれが困惑するのは、つねに「中間《ミリユー》」におかれてしまうことだ。ドゥルーズとガタリは、カフカの日記の中から、「茎の中間からしか生長しはじめない草の幼茎(28)」の話をひいて、もの「を上から下へ、また下から上へ、左から右へ、また右から左へ」ではなく、中間で知覚することのむずかしさを語っている。しかしそれは自然のやり方なのであり、「自然はいたるところから生長する(29)」(ヴァレリー『エウパリノス』)。じっさい身体も、都市も、社会も、歴史も、すべてのリビング・システムは、中間から生成し、もろもろの局所が相関的に整序し合って組織される。にもかかわらず人間はたえずそれをツリー・タイプ、あるいは擬似-多様体としてのラディセル・タイプに単純化しようと努めるのである。

「樹《ツリー》は、西欧の現実と西欧のあらゆる思考を支配してきた(30)」とドゥルーズとガタリはいう。ツリー型の思考をおしすすめてゆけば、バルトのいう究極の意味《シニフィエ》としての神に到達するだろう。「超越、それはヨーロッパ固有の病(31)」なのである。それにたいして「仏陀の樹は、それ自身リゾームとなる(32)」。「リゾームと内在」の東洋を示すことはあまりにも安易すぎることをドゥルーズとガタリはいましめているが、ツリー型の中心化システムと思考が、神と自我の問題に収斂し、両者(我と汝)のかかわりに、自我のアイデンティフィケーションの原型が求められるのは、当然の成りゆきといえよう。他方、仏教は収斂する中心をもたない。究極的なものは、〈空〉でさえない。それは空に中心化し、空を実体化する誤りにおちいるからである。

われわれは中心化(我執)によって、さまざまな仕方の集まりを常住不変であるかのようにみなすが、すべての現象は相互に依存し合う縁起においてあり、常住不変な独立の実体はない(諸行無常・諸法無我)。したがって自我もまた実体ではない(無我)から、アイデンティフィケーションが問題ではなく、悟りはむしろ脱アイデンティフィケーションともいうべき性格をおびてくる。その意味では、仏教の考え方は、一貫して非中心化的であり、相依性(縁起)を基本においたリゾーム的な思考といえよう。そして竜樹においては、縁起は空と同義である(中村元)とされるから、その非中心化システムとしての性格は、きわめて徹底しているといえよう。したがって仏教がはらむ問題点とリゾーム的思考がはらむ問題点もまた多くの共通項をもつのである。

それにたいして現代演劇のあるものは、リゾームときわめて似かよった構造をもちながら、究極までゆかないことによって、むしろラディカルな劇性を保っている。演劇は、ベケットのモノローグ劇であっても、他者を不可欠の要素として成り立っている。内には私のなかの他者があり、外には観客としての他者がある。寺山修司の演劇はたえず中断され、中心化をさまたげられる。「私は他者である」かぎり、中心化は成り立ちえないし、突然理由もなく走り込んでくる他者は場面を解体し、統一を無化する。そのかぎり、ドゥルーズとガタリにおいても、寺山においても、「他者は私である」という同一化の論理による中心化を破壊することに重点がある。他者の他者性の認識は意外に稀薄なのだ。

鈴木忠志の演劇においても、「私は他者である」。『劇的なるもの』の登場人物は、めまぐるしく他者に変貌する。『家庭の医学』においてもそうである。しかしとくに後者では、「私は他者である」のではなく、「どうしようもなく〈私〉である」ものが、「どうしようもなく〈他者〉である」ものによって侵され、否認されるという「他者の他者性」による激越なドラマがある。「他者は私である」という他者の内部化、「私は他者である」という私の外部化、そのいずれをも脅かす「他者の他者性」にこそ自己の問題がある。人間はこの点でも中間的なのである。

3　身の成層

〈身分け〉

第1節でとり上げた「身」の用法は、言語化されたかぎりでの、〈身〉のさまざまのあり方やはたらき方が示す身の分節化をあらわしていた。しかし身が孤立してあるものでなく、かかわりにおいてあるかぎり、「身」ということばも、具体的な使用のなかでは、さまざまのことばとの類似や対立のなかでもちいられる。それは身が現実にもつかかわりのうち、日常的にもっともよく意識されてきたかかわりをあらわしている。たとえば「身(実)」は、包まれるものとしては、包むものとしての「皮」と対立する。「汁《つゆ》」(お汁の実)、「蓋」(実も蓋もない)、「鞘」(刀身《み》と鞘)、「財布」(財布の実)、「衣服」(身と衣)、「世間」(身すぎ世すぎ)なども類似の〈対《つい》〉である。包むものとしては、「核《さね》」(果肉《み》と種子)、「骨」(骨身にしみる)、「こころ」(身もこころも)、「家族のメンバー」(身と身内)などに対する。また吸収し、同一化し、引き受けることによって、自己化するものとしては、吸収され、同一化され、引き受けられるものとしての「栄養」、「教養」、「技術」、「知識」、「習慣」などを身につけ、また「責任」や「罪」などを身に引き受ける。

相互帰属的な関係のなかで、自らを差異化することによって自己組織化するものとしては、身から分れ、あるいは身に対立し、あるいは身をとりまくものとしての「身《み》(子ども)」、「御身《おみ》(あなた)」、「他人《ひと》」や「余所者《よそもの》」(身内にたいして)、「敵方」(身(味)方にたいして)、「世間」や「社会」(自己《み》にたいして)、「死」(身まかる)、「あの世」(身の後)などと〈対〉をなしている。「身」の意味は、具体的な文脈のなかで使われることによってあきらかになるのであり、「身」に対応することばは、〈身〉が身をもって世界を分節化する諸相を示している。たとえば「身にしみる」のは、傷口につけるヨードチンキであり、冷い風であり、労働のきつさであり、他人《ひと》のなさけであり、世間の非情さであり、感銘ぶかい話である。しかしそれは身のもつ可能的なかかわりのすべてを十分表現しているわけではなく、日常の用法をもとにして〈身〉の概念をさらに拡張し、精練する可能性をのこしているといえよう。

生き身である〈身〉は、それ自身自然の一部でありながら、動的均衡を保ちつつ自己組織化する固有のシステムとして自然のうちに生起する。そのかぎり身は閉ざされたシステムであるが、自己組織化は、身が身のシステムの外とかかわることによって可能となるかぎり、開かれたシステムでもある。すなわち自己組織化は、中心化と同時に脱中心化ないし非中心化の動きを含んでいる。身が外にたいして開かれているとともに閉ざされており、中心化すると同時に脱中心化し、非中心化するというこの両義性により、身の自己組織化に応じて、自然は分節化され、意味と価値をもった環境が生ずる。身の生成は、身が自然を分節化することであり、また歴史のはじまりとともにすでに分節化された文化的世界のなかに生れ、それを身に引き受けつつ、それを再分節化することにほかならない。

　そのとき世界の分節化の反照として、同時に身みずからが潜在的に分節化される。われわれはふつう生き、行動しているさいには、身で分けた世界を意識している。しかし反射的な反応のように、意識する必要のない〈身による世界の分節化〉のレベルがあり、われわれは意識的レベルはもちろん、前意識的レベルでも、身で分けた世界の分節的風景を生きているのである。それは同時に、潜在的に身が分節化されることにほかならないが、この身の分節化は行動の主題でも、対象でもないから、反省する場合をのぞいて意識されない。ちょうど「身」ということばが文脈のなかでさまざまの意味をもつように、身は、世界とかかわって生きる具体的なはたらきのなかで、いわば文脈依存的に身自身を分節化している。つまり身が身で世界を分けることは、同時に身が世界を介して分けられることにほかならない。

それは同時に起る出来事であり、一つの事態の両面である。この事態を簡単に「身分け」と呼ぶことにしよう。つまり「身分け」は、身が主題的に世界を身で分節化することと、身が世界を介して潜在的に分節化されること（したがって主題化されることは稀であり、意識化されることも少ない）の双方を同時に意味するのである。〈身分け〉は、前意識的なレベルでの分節化をふくむ一般的な概念であるが、より自覚的な分節化については、同じく両義的な意味で〈身知り〉をもちいることができる。〈身知り〉は、何かを身で知り、体認し、体得することであるとともに、何かを身で知ることにおいて、身自身をも把握することを意味する。

こうして〈身〉は意味や価値をもった環境につつまれ、環境のさまざまの意味を指向しつつ生きるが、そのとき同時に身それ自身をさまざまの意味をもつものとして、前意識的なレベルで分節化しているわけだ。意味ないし価値は、身が環境にあたえるものであるとともに、環境によって身にあたえられる。環境の分節化は、身の分節化であり、両者は循環している。身の外部作用的な活動による〈身分け〉は、身の自己作用的なはたらきと接合する。このような〈意味〉の二重の発生、意味の両義性は、身の世界への内属を、すなわち身が〈環境内存在〉であることを示している。ここに身がいわゆる客観的諸条件の集合としての環境から相対的に自由であり、客観的諸条件によってのみ決定されるのではなく、相対的にそれらから解放される可能性の基盤がある。

このような〈環境内存在〉のうち、世界とのかかわりそのものを了解し、そのかかわりと、かかわりにおいてある自己の存在そのものを問題化しうるのが、人間独得の〈身〉のあり方であり、〈世界-内-存在〉と呼ばれるものの特徴である。すなわち〈身〉は、〈世界〉と、〈の内にあること〉と、そのようなかかわりにおいてある〈存在（自己《み》）〉そのものとを問い、そのような事態にたいして態度をとる存在である。こうして〈世界〉とは何か、〈……の内にある〉とはどういうことか、〈在る〉とはどういうことか、〈在る（生きる）ことの意味〉は何か、〈何のために〉生きるのか、という厄介な問いが生まれ、世界とのかかわりを自覚しない単なる環境内存在にもどることをあこがれさえする（「私は貝になりたい」というテレビ映画の標題と「私は牡蠣になりたい」というT・S・エリオットの詩の一句は、何とよく似ていることか）。

そこでは〈身〉みずからの文脈依存的・前意識的な分節化そのものも、〈身知り〉の対象となるであろう。しかし世界内存在は、環境内存在にもとづけられてはじめて可能になる。したがって世界内存在としての身は、「身」のさまざまの用法が示すように、さまざまのレベルでさまざまの相を示す。そのはたらきのより基礎的なレベルでは、また高いレベルの身の統合が解体したときには、ほとんど環境内存在に近いものとしてあらわれることもあるだろう（深い眠りにある人間や植物人間）。重大な使命を託されて、「身がしまる」思いがする〈身〉は、同時に寒さで「身がしまる」〈身〉でもある。また死んだ魚の肉は、酢につけることによって、「身がしまる」。これは語呂合わせではなく、われわれの在り方の上でのアナロジカルな類似性を示しているのである。

さきにあげた「身」の対をなすことばの多様さが示すように身は、一つのレベル、一つの相においてだけ生きるのではない。〈身〉の自己組織化には、生理的自己組織化から感覚‐運動的自己組織化、また複雑な再組織化の諸段階をへた意識的‐行動的自己組織化にいたるさまざまのレベルがあり、それらの自己組織化は、記号や用具や制度など人間が歴史的に産み出したものを媒介にした文化的自己組織化と切りはなすことができない。個人的自己組織化さえも、文化的自己組織化の形態によって変化しうるのである。さらに自己組織化の〈図と地〉あるいは〈表と裏〉ともいうべきものがあり、支配的・意識的な自己組織化の逆相ともいうべき、補構造としての自己組織化が潜在的にはたらいている。これはさまざまの〈身変り〉においてあらわにされ、あるいは象徴的に表現されるであろう。

順相と逆相、主構造と補構造というのは、支配的意識(常識)に中心化したとらえ方であるから、中心の移動や逆転が可能であり、両者を合わせて全体的人格を考えるとしても、その全体はたえず〈他〉へ脱出し、非全体化する可能性をはらんでいる。そのようなあやういあり方が、〈身〉の自己組織化の実態であり、〈身〉はつねに狂気の可能性を含んでいる。したがってこのような自己組織化のさまざまのレベルと相に応じて、世界は多様な仕方で〈身分け〉され、分節化される。つまり〈補構造〉として身分けされる世界の風景や、〈身変り〉において身分けされる世界の異相というものもあるわけだ。こうした多重的な意味発生が重層化し、意識の底に沈澱し、記号や用具や制度やもろもろの文化的産物を通じて、それらの意味が共有され、伝承されているのが、われわれが体験する現実世界である。

すでに歴史的・社会的に分節化されている意味世界によって身は分節化されつつ、身つから〈自ら〉世界を〈身分け〉しなおし、再分節化された世界によってふたたび身みずから〈身分け〉される。世界をパースペクティヴのうちにおさめることは、身を暗黙のうちに、パースペクティヴの原点におくことであり、あるものを硬く、冷たく、ざらざらしていると感ずることは、身を柔らかく、温かく、なめらかなものとしてとらえることにほかならない。見ることは、見える世界を主題的に把握することであるとともに、見る主体としての身を前反省的に把握することである。人の視線を感じ、誇らしく、あるいは恥ずかしく感ずることは、見るもの、認承するものとしての身〈主観他者〉をとらえると同時に、見られ、認承されるものとしての身〈対他的自己〉をとらえ、誇らしく感じ、あるいは赤面する身〈主観自己〉を潜在的に了解することにほかならない。

汎神論的神秘主義のように、世界を無媒介に身としてとらえるとすれば、身が世界と一体化し、理念的にはすべての〈身分け〉の消滅にいたるのは必然的であろう。しかし現実には、身と世界の分節化は、重層的に構造化され、相互にわかちがたく、嵌入《かんにゅう》し合っている。これをある一つのレベルに、ある一つの定義された研究範囲に限定する条件的・方法的単純化〈物理科学はもちろん社会科学も含めた科学の方法である〉は、探究の出発点においては、不可欠であるとしても、そこからみちびき出された結論を終着点において無条件化する暗黙の単純化はさけなければならない。最も警戒しなければならないのは、すでに出発点において暗黙の単純化が行なわれ、それを条件付の単純化として方法的に自覚しないことである。

身の現象主義的還元

たとえば意識や自己を問題にする場合、最もよくみられる暗黙の単純化は、つぎのような前提を、前提として方法的に意識することなく、無条件に前提することであろう。

(1) 成人の意識やその意識にあらわれる自己のみを、意識や自己の本質として扱う。つまり胎児や幼児の意識を問題にしない(発生論的形成の無視)。

(2) 意識性・自己性のさまざまのレベルを無視する。したがってあらわれている高いレベルの顕在的意識・顕在的自己のみを問題にし、潜在的意識・潜在的自己の可能性を排除する(成層性の無視)。

(3) 現代の人間の意識や自己を無条件に前提にする。つまり太古の人間や中古の人間の意識を現代人と同じであるかのように扱う(歴史的形成の無視)。

(4) 文明社会と呼ばれる特定の文明圏の人間の意識や自己を前提にする。つまりいわゆる未開社会の人間の意識を無視するか、未発達な意識として貶しめる(文明論的差異の無視)。

(5) いわゆる正常な人間の顕在的な意識構造や自己の構造を前提にし、いわゆる異常状態においてはじめてあらわになる潜在的・可能的構造を無視する（正常性の無批判的肯定）。

(6) 具体的に行動する人間の意識や自己ではなく、観照的・反省的状態の意識や自己を代表例とする（観照的コギトの神格化）。

これらの前提を一挙に考慮することは、手のつけられない錯綜とあいまいさのなかに踏み込むことになるだろう。じっさい方法論的な困難をともなうことはいうまでもない。それにたいしてこれらを暗黙に前提すれば、あたえられた意識や自己は自動的に限定され、たとえば現象学的記述によって、より方法的な厳密さと豊かな意味を手にすることができるようにみえるであろう。しかしこの方法的厳密さと豊かな意味はみせかけのものにすぎない。「厳密さ」はいま上げた諸前提を意識せずに受け入れるかぎりにおいて成り立っている（エポケーさえもこれらをカッコに入れることに成功していない）。いわゆる「豊かな意味」は、前述の諸前提を一つ一つはずすことによって、その平板な貧しさをあらわにするであろう。というのもこれらの試みは、数多くの変項への多重帰属性を生む重なり合いをさけ、セミ・ラティス的な構造を、よりツリー的な構造へ還元することに帰着する場合が多いからである。方法的厳密さと確実性の幻想のもとに、これらの諸前提を暗黙のうちに受け入れることは、より大きな不確実性を背負い込むことになる。

このような諸前提の無視の典型が独我論的発想であろう。たとえば私は自分が感じ、意識していることを直接十全に把握することができる。そのかぎり私にとって自己は確実である。それに反して私は、他者が感じ、意識していることを直接十全に把握することはできない。それゆえ他者は不確実である……。この現象主義的な発想がさきの諸前提を無視していることはあきらかであろう。独我論者はつぎのように考える。成人の意識を前提するのは、私の意識に直接あらわれる確実なものから出発する以上当然のことである。胎児について私の意識を論ずることは無意味であり、自己意識が生れる以前の幼児について私の意識を云々することもほぼ無意味であろう。私の意識は、そのような私以前から発生してきたとしても、私はもはや胎児ではなく、幼児でもない以上、直接十全にその状態を体験することはできない。それは不確実な知識なのである。

同じことが他の諸前提についてもいえる。自己が意識にあらわれないレベルをもっているとしても、またそのレベルでは集合的な心性に動かされているとしても、あるいは自己意識の明確な形成が歴史的・文明的産物であり、ある時代、ある特定の文明形態に顕著であって、古い時代や未開の文明では、共同存在的あり方が基本であるとしても、さらに自己感の喪失や憑依や自他の混淆といった精神病理学的現象がみられるとしても、それらは私の意識が直接十全に体験できない以上、不確実な知として排除されなければならない。そのさい観照的事例を上げるか、行動的事例を上げるかは問題にならない。観照的反省においてとらえられた独我論的結論は、いったん反省的に意識化されると、行動においても直接実感される。行動のなかで直感される共同存在や共有の了解は心理的錯覚にすぎないetc……。ここで当然予想される「私の意識も心理的実感としての蓋然性以上の確実性をもちえないのではないか」という反問をさけるために、独我論者は、自己の意識の把握は直接的かつ十全であるのにたいして、他者が感じ、意識していることを直接かつ十全に把握することはできない、という主張を尖鋭化しなければならない。俗にも「他人《ひと》の気持はわからない」というから、この主張は根拠があるようにみえる。

ところがそのような尖鋭化によって独我論は奇妙な袋小路におちいる。というのも独我論は、他者の主観存在を確実なものとしてみとめるための条件として、私が自己を把握するのと同じ仕方で他者を把握することを要求する。つまり他者が直接感じ、意識していることを、そのあるがままに、そのひだひだまで十全に、私が直接感じ、意識することを要求する。この要求はもっともなようであるが、そこにはトリックがかくされている。というのはもしこの条件がみたされれば、その他者は端的に私であって、もはや他者ではない。あるいは私は他者（の私）であって、もはや私ではないであろう。つまり他者が存在しないで私のみが存在するか（前者）、他者を認識する私が存在しなくて、他者となった私のみが存在するか（後者）である。

「他人《ひと》の身になる」ということばがあるが、独我論は結局、即自的に他人《ひと》の身そのものになることを要求しているのである。それゆえもし独我論者が他者の存在をみとめるための条件として提出する前提がみたされれば、そのとき他者は消滅し、すべては私であって、ロボット的他者さえも存在しない完全に独我論的な世界が出現する。つまり独我論的発想が他者の存在をみとめるための条件として、暗黙に前提している要求は、他者が不可能なように他者を定義することであり、したがってその定義が要求する条件がみたされたときには、つまり他者をみとめる条件がみたされたときには、他者は不可能になる、というトリックがかくされている。

これは私と他者との差異性をなくすることであるが、そもそも他者は、私ではないことによって他者なのである。他者を主観的存在として認識することは、端的に他者になることではない。私が他者となって直接感じ、意識することができないという交換不可能性は、まさに他者の可能性なのである。それは他者の交換不可能な主体性の基盤であるが、人称的交換可能性や役割的交換可能性を不可能にするものではない。また「他人《ひと》の身になる」といった、感応的同一化による他者の主観性の把握をとざすものでもない。むしろこの交換不可能性と交換可能性のはざまに、他者の確実性と了解可能性が存在するのである。

後述するように発生的には他者の主観性の把握は、むしろ自己の主観性の把握に先だち、われわれは、他者の主観性からの承認と拒否の経験において、自己の主観性を把握するといえるだろう。第一に、他者の主観性とのかかわりにおいて、私の主観性は身分けされ、第二に、身の身自身へのかかわりにおいて反省的に自覚される。したがって逆説的にみえるが、発生的には、むしろ他者の主観性が確実であるのと同じ程度に、自己の主観性も確実である、といわなければならない。

他者の主観性の具体的内実の把握は、基礎的な他者の主観性の把握の上に成立する。もしこの基礎的な把握がなければ、私は表現しないであろうし、また他者の表現にも注意をはらわないであろう（その意味では、そもそも独我論者が独我論を主張すること自体が自己矛盾なのである。何かを主張することは、それを理解する他者と社会的言語を前提とし、その他者に何かを伝え、説得しようとすることにほかならないのだから）。他者の表現は、直接的な身の表現であることもあれば、言語や記号に仲だちされた表現であることもある。私は他者の身の表現に感応的に同調することによって、非言語的レベルあるいは言語的レベルで他者の主観性を把握する。これは構造的な同一化であって、端的な即自的同一化ではない。そのかぎり他者の主観性の具体的内実の了解は蓋然的であるが、その点では、自己の主観性の具体的内実もまた蓋然的である。私の身が非意識的ないし前意識的なレベルのはたらきによって方向づけられているかぎり、また自己が他者や、その他の存在やシステムとの意識的・前意識的なかかわりにおいて形成され、記憶のうちに沈澱したみずからの生活史を統合しているかぎり（抑圧のことはいわないにしても）、私は私自身にたいしても透明ではない。

私は私自身のうちに、私にとって他者である私をみいだして驚くことがある。私は私の意志に反して無意識に行動してしまうことがあり、また私は私の夢のなかで驚く。夢のなかの出来事は、想像のイメージとちがって意外性がある。そこに夢の現実感があるわけだが、そのさい想像の場合とちがって、夢をみている私は、夢を生み出している私がつぎに生み出すものを知らない。夢を生み出す私は、夢を見ている私にとっていわば他者なのであり、私は私のすべてを知っているわけではない。あるいはまた他人《ひと》にいわれてはじめて、自分の本当の考えや感情に思いあたることはないだろうか。「お前はあの人と口を開けば喧嘩ばかりしているが、本当はあの人が好きなんだろう」というのは、心理描写の格好のせりふである。これは逆にいえば、私は他者の主観性の具体的内実を他者以上に了解している場合がありうる、ということを意味する。もしこのような了解がなければ、およそ精神療法は不可能となるであろう。主観性の具体的内実は、意識に現にあらわれているものに限定することができない。私自身、光の向うの闇に驚き、闇に問いかけるのであり、主観性の具体的内実を〈意識〉に限定すること自体が、自己把握の不確実性を増大させるのである。

身の科学主義的還元

〈身〉にとっての直接的意味は、さきに上げた諸前提をはずしてみれば、すでに重層的に媒介された歴史的・文化的沈澱としての意味であり、またそのなかから、無意識のうちに、身の自己中心化による限定や状況による限定によって切りとられた意味である。しかし少なくともいまの私にとっては、それは直接にあたえられる原初的経験であり、意味の発生や交叉や、歴史的・文化的媒介による意味の重層性自体、この原初的経験から出発して解明され、ふたたび、原初的経験に帰ることによって、その解明の妥当性がたしかめられる。〈身分け〉による世界の分節化と身の分節化の構造の解明も、原初的な直接経験にあたえられた分節化の深層の構造を解明することを通して行なわれるのである。

直接経験の記述にたいして、より脱中心化された間主観的な記述をあたえ、また直接経験の深層(上層または下層)にある構造を解明するために、記号群(理論)と用具(道具や機械)によって仲だちされた経験を記述するのが解明の一つのタイプである。仲だちされた経験においては、より確実な間主観的検証を可能にするように、さまざまの直接経験に共通な系や構造が設定される。自然科学においては、用具による操作や量的測定が可能な物理系や物理的特性(分子、電磁波、電位パルスなど)が設定されることが多いが、人文科学や社会科学では、より高度の間主観的な了解を可能にするような質的な構造や構造的特性(ゲシュタルト、理念型、神話素など)が設定される。

これら共通の物理系や共通の質的構造は、出発点にある直接経験にはかくされていた、他の直接に経験される事象との関係をあらわにしたりさいしょは単一にみえた直接経験の重層性をあきらかにすることによって、より広い範囲の出来事をより統一的に説明することを可能にする。これらの共通系や共通の構造を仮設するさいには、ある理論(記号系)が前提され、また直接経験に対応する共通糸や共通の構造をふたたび直接経験にむすびつけるために、さまざまの用具や解釈が用意される。すなわち用具や記号に仲だちされた経験による解明は、当然のことながら独立して成立するものではなく、直接経験を出発点として、仲だちによる迂り路をへて、ふたたび直接経験に帰ることによって完結する。

たとえば怒りの情動を中枢ならびに末梢の生理的変化によって説明し、赤の感覚をある波長の電磁波の刺激が神経インパルスに変換され、大脳の視覚領に物理・化学的変化を起こさせることとして説明するとする。このさいもちいられる一連の物理・化学的過程の記述は、一見それだけで完結しているようにみえる。しかしそれは説明の一部を切りとったかぎりにおいてであって、説明の全体は決してそれ自体で完結してはいない。怒りの情動や赤の知覚は、身の原初的直接経験であり、物理・化学的説明にしろ、この原初的経験から出発する以外はない。そして理論と用具の仲だちによって、この原初的経験に対応する一連の物理・化学的過程をたどり、最後に脳過程の物理・化学的変化を確定しようとする。この確定の検証(ゼロ確定、つまり検証できない場合も含めて)は、ふたたび理論と用具に仲だちされた直接経験によっておこなわれる。つまり脳過程の物理・化学的記述は、原初的経験から出発し、理論や用具の仲だちをへて、ふたたび直接経験へと帰るプラクシスの円環のなかではじめて意味をもつのであり、怒りの情動や赤の知覚という最初の限定をはなれて脳過程に還元すれば、何の意味ももつことができないであろう。

脳過程の物理・化学的記述やある電磁波の振動数を示された人は、それだけでは決して怒りか悲しみか、まして電車のなかで足をふまれた怒りか、恋人に裏切られた怒りか、政治に対する怒りか、その質的差異まで決定することはできないであろう。またある振動数の電磁波を赤にも青にもむすびつけることはできないであろう。つまり直接経験をこえて科学がみいだそうとする客観的構造自体、直接経験依存的なのである。さいしょから脳過程だけを調べた人は、そこにおこっている現象にいかなる意味づけもあたえることはできないし、一連の量的に連続する物理・化学的変化を有意味に分節化する(たとえば光の波長を色によって分節化する)規準さえももたないであろう。つまり「怒りの情動は、本当は……である」とか、「赤の知覚は、実は……である」といわれる場合の「本当は」とか、「実は」は、「直接経験に対応する物理・化学的出来事を理論と用具に仲だちされた経験によって記述すれば」という以上の意味をもたない。

これは直接経験依存的であるから、独立した特権的真理(「本当は」)への還元でもなければ、ことなった記述レベルへの変換であるから、原因の記述でもなく、直接経験と仲だちされた経験のあいだに、関係の対応をつけることにほかならない。ことに臨床医学のように、仲だちされた経験にもとづく一般化を介して、ふたたび個別的な現象の固有性の説明に帰ることがもとめられる場合には、循環は一層明瞭になるであろう。われわれは直接経験の記述に、仲だちされた経験の記述という、レベルのことなった記述を重ね合わせることによって、経験を間主観化し、重層化し、われわれのもつ世界像を豊かにするのである。

この「重ね合わせによる説明」(大森荘蔵―黒崎宏)においては、重合される説明は、レベルのことなった記述であるから、そのなかには怒りの情動や赤の知覚の質をあらわす直接経験のレベルのことばはあらわれない。もっとも同じレベルでの説明であっても、説明はなんらかの意味でのいいかえであるから、そのなかに説明さることばがあらわれないのは当然であろう。説明されることばが、直接経験のレベルの記述でおきかえられるか、仲だちされたことなったレベルの記述でおきかえられるかのちがいがあるにすぎない。おきかえのへだたりをうめるものは、前者では説明される直接経験と説明する直接経験の記述のあいだにある比較的単純な、直感的に理解しうる類比的対応であり、後者では説明される直接経験と説明する仲だちされた経験の記述のあいだにある対応関係――仲だちの構造によって設定され、理論的に理解しうる類比的対応関係である。

直接経験と脳の物理・化学的過程の関係は、いわゆる心身関係とはことなっている。精神が脳過程にはたらきかけるわけでも、脳過程が精神にはたらきかけるわけでもないからである。それは同じ一つの事態の直接経験による記述と仲だちされた経験による記述とのあいだの関係にすぎず、後者は、直接経験を仮象とするような特権的真理性をもつわけではない。その関係は、仲だちの構造によってあたえられているが、仲だちの構造は、仲だちする理論と用具の種類や性格によって限定される。さらにその対象が脳過程である場合には、対象自身、すでに身の全体のはたらきのうちから切り出され、限定されているから、脳過程についての仲だちされた経験と直接経験の対応は、一対一対応である保証はない。複数のことなった情動が同一の脳過程に対応し、同一の情動が複数の脳過程に対応することがありうる。情動や知覚が、その個人の社会関係や生活史に依存する微妙な情動的意味や知覚的意味を含む度合が大きければ大きいほど、多対一、一対多の対応である可能性が強くなり、一対一対応の可能性は少なくなるであろう。

そのうえ求められている説明は、そもそも何のための説明か、理解のための説明か、操作のための説明か、またどのレベルの問いにたいする説明か、という問題化の仕方とレベルによってことなるのである。顔の赤さの医学的説明と物理・化学的説明のように、ある直接経験にたいする仲だちされた経験による説明は一つとはかぎらないし、生態学的なレベルの問いのすべてを分子的レベルに還元することは、原理的に不可能であるか、生態学的な問いのもつ固有の意味を破壊するかのいずれかであろう。特定のA君とBさんの特定の恋を分子レベルや原子レベルの要素の振舞いや結合の仕方で説明することが無意味であるのはあきらかであろう。素粒子群のダンスがもう一つの素粒子群のダンスを愛するわけではないし、このレベルに還元すれば、殺人の罪など雲散霧消する。「それ以上分割しえないもの」を意味する原子《アトム》論が、社会学的な領域では、「それ以上分割しえないもの」をin-dividual（個人）にとどめたのは、そのためである。仲だちによる対応自体が、文脈依存的なのである。

このような説明の多様性は、身が成層的であるとともに関係的であり、その経験が開かれた構造をもっていることを示している。説明は直接経験のもつ意味を重層化し、豊富化し、その錯綜構造をあきらかにするためのものであって、単層化することが目的ではない。ある基準からする仲だちされた経験の記述を絶対化し、直接経験をそれに環元する還元主義は、経験のもつ意味の重層性を無視し、経験を抽象化し、貧困化することにほかならない。仲だちする系や特性的構造のモデルを媒介にした人間的現実の探究は、媒介する系の干渉や媒介する構造とのかかわりにおいてあらわれる人間的現実の一つの射影であり、その射影の意味は、直接的経験と対応させることによって確定される。これは〈身分け〉によって分節化される〈身〉と〈世界〉とを、ことなったレベルに射影することによって成層化し、交叉する網目のなかで理解することであり、あるレベルに還元することではない。

〈身分け〉は世界にかかわり、世界にはたらきかけるという広義の指向的なはたらきにおいておこなわれる。したがって身の諸構造、諸特性も、世界にはたらきかけ、それを分節しつつ、みずからを分節化し、自己組織化するというプラクシスのなかでとらえなければならない。〈身〉の諸構造の一部を方法的に孤立させて研究するとしても、その孤立化が方法的な孤立化にとどまることができるかどうかを問い、えられる結果をたえずプラクシスの全体のなかにおきなおして、その文脈的意味を回復する方法的反省を必要とするであろう。たとえば還元主義は、身を環境から孤立させ、脳過程を身のはたらきから孤立させることによって、脳過程に心的現象を還元しようとする。しかしこれは研究の対象を局限するという方法上の抽象であって、具体的にはたらいている存在の上では、脳を身から、身を環境から孤立させることはできない。事実実験のさいにも、脳は孤立してはいないし、孤立させることもできない。

脳のはたらきが、いわゆる心のはたらきと密接に関連していることは、ネガティヴには脳の損傷と精神機能の障害との関係や、ポジティヴには脳の一部に刺激をあたえることによって精神機能や感覚に変化を起こさせる実験をみてもあきらかであろう。にもかかわらずベルクソンは、これは心的なものが脳過程にひとしいことを意味しないとして、有名な、釘と釘にかかった服の比喩でそれを説明する(33)(『心と体』)。服はそれがかかっている釘につながっている。釘をぬけば服は落ちるし、釘が動けば服はゆれる。(……)だからといって釘と服が細部にいたるまで対応しているわけではないし、釘と服が等価であるわけでもなければ、まして釘と服が同一物であるわけでもない。釘を脳、服を意識とすれば、意識が脳にかかっていることはたしかだが、脳が意識をすべての細胞にわたって描くわけではなく、意識が脳の機能であることにもならない、という。

この悪名高い比喩は、あいまいであり、ベルクソンが望んだような結論にみちびくとはかぎらない。意識が脳にかかっているという表現はいろいろの意味にとれるが、身の高いレベルの統合が、脳のはたらきを不可欠の仕方で組み込んでいるという意味でならそういえるだろう。しかしベルクソンが指摘しように、脳は孤立してあるわけではない。脳は一方では感覚器官↓感覚神経↓脳という求心的な神経組織につながり、他方では、脳↓運動神経↓運動器官という遠心的な神経組織につながっている。さらに神経組織のはたらきの全体は、身全体のはたらきに支えられ、またそれらを支えている。そして感覚や行動はもちろん、身のはたらきはすべて、世界に向かって開かれ、状況のうちにあるとともに状況を構成している。はたらきとしての脳過程を考えれば、それは状況を把握し、そして評価、考量して状況にはたらきかける広い意味での身のプラクシスの一環にほかならず、世界を指向し、世界にはたらきかける身の統合的なはたらきに組み込まれたかぎりでしか、脳のはたらきは存在しない。したがって脳過程は、世界にかかわる身のはたらきのうちに位置づけられることによってのみ、その正当な意味が測られるであろう。

脳が損傷をうけるということは、身と世界とのかかわりの循環的な過程が損傷をうけることであり、脳に人工的な刺激があたえられることは、その循環的な過程に、あるはたらきが加えられることである。もし脳にその人工的な刺激以外のものは、何も与えられないとしたら、すなわち姿勢をとることによる筋紡錘からの刺激をはじめ、すべての刺激を取り去られたならば(広義の感覚遮断)、結果は同じではないだろう。そもそも脳が覚醒レベルにありうるかどうかさえ疑わしい。脳が〈身〉の統合的なはたらきの全体にひとしいということはありえないし、高い錯綜可能性をもった統合は、錯綜可能性の低い統合をつねに組み込んでいる。脳が破壊されれば意識が失なわれるように、脳以外のはたらきから脳が遮断されれば、やはり意識は失なわれるであろう。それゆえ脳過程といわゆる心との関係が、一義的である可能性はほとんどない。いわゆる心－脳(心身)関係は、具体的な直接経験から出発して、方法的に限定された脳過程との対応関係を立てることであり、身の重層的理解をもたらす以上の意味はもちえない。さきにのべたようにこれは心身関係とはいえないが、しいて心身関係を云々するとすれば、それは抽象され、孤立させられた直接経験と、同じく抽象され、孤立させられた脳過程とのあいだにあるのではなく、直接経験から出発して研究対象を限定し、理論(の構成)と用具の仲だちによって、直接経験と脳過程の対応関係を立てるこの全過程そのものが、いわゆる心身関係を産み出し、解決するのである。心身関係は、それが産み出されたと同じ仕方で解決されるし、解決されるべきであろう。

人称化

前人称的共生　胎児が身ごもられている状態は、やがて身身《みみ》となり、身二つになる以前の共生の状態である。生理も心理も未分化のまま胎児は、母体の身内《みぬち》にあって、母体になかば融合していると同時に、身分けへの潜在的可能性をすでにはらんでいる。胎児は母体から切りはなされては存在しえないが、母体とことなった血液型をもちうるような異質性をそなえている。いわば母体の属領化の分節線は、胎盤を介して、脱出線へと転じ、身は身内に非属領化の分節線を育てているわけだ。脱出線は胎児の属領化線であり、その属領化線は胎盤を介して非属領化線に転ずる。胎盤のはたらきは、二つの身のあいだの未分的分化という両義的関係を象徴している。胎児は直接世界とかかわることはないが、母体をへだてて、また母体の変化を介して、世界の出来事にかかわっている。

身二つとなる出産は、身が身から分かれる第一次の分離である。乳児は生理的な独立性を拡大するが、人間の子どもは生理的早産であるとする説(ポルトマン)があるように、乳児は生理的にも親に依存せずには生きられない。この段階では、快―不快の反応の仕方が暗示するように、心理と生理は未分化であろう。オットー・ランクは、出産による母胎からの分離は、人生のはじまりにおけるもっとも深刻なショックであり、人間の根源的な心的外傷を形づくる、と考えた。そして母胎からの分離による一次的不安は、乳ばなれをはじめとする、その後のさまざまの分離体験にともなう二次的不安の原型となるという。これにはフロイトをはじめとする批判があるが、この身の分離が、生理的‐前心理的な最初の重要な分離であり、独立した生理的‐心理的な自己組織化のさいしょの一歩であることはまちがいない。このあと子どもは乳ばなれをはじめとする生理的‐心理的共生からの分離をつぎつぎ体験する。

分離による世界との亀裂があまりにも大きく、属領化と非属領化のバランスをとりつつ、自己組織化することがむつかしい場合には、子どもはしばしば共生的依存を回復しようとしていわゆる退行現象を示す。それが母親の胎内へ復帰しようとする胎内憧憬であるかどうかは疑わしいが、自分をとりまく世界との安定した共生感覚の崩壊と分離の不安にたいして、もう一度未分化の共生的つながりを回復しようとする依存欲求であることはたしかだろう。分離にたいする身の自己組織化の仕方も、〈中心化〉とともに逆行や斜行による〈共生化〉への傾斜を含む両義的な組織化である。分離不安は乳児だけのものではない。弟や妹の誕生、就学、進級にさいしての組がえ、成人式、就職、失恋、失業、親しい者との別れや死別、子供の結婚、停年、老いと最後にみずからの死といった人生の節《ふし》は、多かれ少なかれ分離不安をともない、世界とのかかわり方の変化や、それと相関的に自己組織化の逆行や斜行や解体をひき起こしうるのである。

この時期の子どもは、ピアジェのいう〈感覚運動的水準〉（0～二歳）にある。[34] この水準では、知覚し、行動するという循環的な過程の協応によって活動の図式《シェマ》が形成され、そのシェマと相関的に世界が分節化され、秩序づけられるシェマは、身が世界を分節化する仕方を示すと同時に、身が身自身を潜在的に分節化し、構造化する仕方である。この場合、刺激が刺激としてはたらくのは、刺激を感覚‐運動的なシェマに同化《アシミレ》することができるかぎりにおいてであり、同化された刺激は、すでに構成されているシェマを修正し、豊富化する。ピアジェはいう。刺激の受容は、この水準でもすでに単なる受動的過程ではなく、能動的態勢に支えられている、と。シェマの豊富化は、同化しうる刺激可能性が拡大することであり、世界の分節化の深化でもある。したがって刺激と反応の関係は、一方的関係ではなく、相互性の関係である。

この時期には、象徴機能が未発達であるから、世界はまだ現前しないものまで拡がらない。〈いま・ここ〉にある身がすべてであり、身のパースペクティヴは、〈いま・ここ〉に癒着的に中心化しており、視点の交換や転位の可能性をもたない。したがって感覚‐運動的水準の活動は本質的に非可逆的である。可逆性の芽ばえは、すでにみとめられるが、それは漸進的な調整やじっさいに移動する経験が自己組織化される結果として生ずる。たとえば移動(A→B)は、漸進的な合成によって〈移動群〉を形成する[AB＋BC＝AC, AB＋BA＝AA, AB＋BD＝AC＋CD]のであって、さいしょはこのような単純な行動の合成や逆もどりやまわり道をするという簡単なこともできない(あるレベル以下の動物がそうであるように)。移動群の形成という身のはたらきの組織化は、身分けされる世界が組織化されることであり、身に癒着した空間の漸次的共応のはじまりである。しかしまだ表象が欠けているので可逆性は不完全である。

この水準ではすべては〈身〉に中心化されているから、さいしょのうちは、ものは身と無関係には存続せず、空間と時間の秩序は、おそらく身の活動に即して実践的に一歩ずつ構成される。つぎの段階のように、一挙に表象されるわけではない。目的と手段もはじめは未分化のまま身のはたらきのうちに組み込まれ、身のはたらきとその結果は、空間的接触と関係なく、呪術的な仕方でむすびつけられる。逆にいえばこれは、身と世界がまだ十分分化していないことを示しているといえよう。

やがて感覚し、行動し、世界との交渉を重ねることによって、しだいに中心化されたシェマが形成される。それとともに〈身〉と〈世界〉が分化し、世界が〈もの〉と〈他者〉に分極化する。それはまた身みずからが、ものと他者とのかかわりにおいて、潜在的に身分けされることを意味する。たとえば幼児の微笑は、さいしょは欲求の充足にともなう一種の生理的‐前心理的微笑にすぎないが、子どもにたいする呼びかけおよび応答としての母親の微笑に感染し、さらにそれにたいする感応的同調をとおして、間身体的‐間主体的な両義的図式が、幼児と母親のあいだに形成される。微笑はもはや単なる生理的反応ではなく、コミュニケーションとしての価値をもつようになる。

ものと他者の分化は、まずものや他者からの身体的呼びかけへの感応を介してはじまるのであり、主体としての自己が他者をみとめるのではなく、むしろ他者からみとめられる経験において、みとめられる前‐主体としての自己を潜在的に把握し、主体的他者をものから分化するようになるといえよう。しかし行動的に脱中心化し、自分が位置を変えても、ものや他者が在りつづけるというものや他者の持続性がすぐ把握されるわけではない。移動によって、ものや他者の位置が相対的に変るという空間的配置の秩序は、移動するには時間がかかるという運動的《キネティック》な感覚とむすびついた漠然とした時間経過の秩序とともに未分化のまま体験される。幼児はいわば未分化な時空体を生きているといえよう。

こうして目的と手段と結果を行動のなかで結びつけ、他者とくに母親とコミュニケートするなかで幼児は欲求を満足させる。この経験は、その反照として、つまり〈身分け〉のもう一面として、自己が持続し、空間や時間の秩序のなかにあること、自分がものを操作する主体であると同時に、他者に呼びかけ、他者の応答を呼びさます主体であることを暗に把握させる。これはもちろん意識的な把握ではなく、潜在的に〈身分け〉されるにすぎない。

身は、もの(実)と他者(身)を身分けすることにおいて、みずからをものに対する身(からだ)として、また他者に対する身(自己)として前意識的に身分けするのである。なかでもこの時期に重要なのは、他者(ことに母親)による承認とそれにたいする子どもの応答の相互作用であり、それが世界と自己にたいする〈基本的信頼〉(エリクソン)をもたらす。この基盤が欠けているときは、身(からだ―自己)の安定した組織化は困難である。

この基盤の上に形成されて身についていた価値体系が崩壊し、基本的信頼までおびやかされるときには、身の安定は、深いレベルで失なわれ、身の統合は解体の危険にさらされるであろう。かりに幼児期には顕在化しないとしても、身〈自己〉の自律的・自覚的な再統合が要求される思春期には、この不安定が顕在化し、身の統合が危機にさらされることも珍らしくない。歴史における過去が現在へタイム・スキップするように、個人の過去は同時に現在であり、身の発達が経過する時間的構造は、現在の身の多重構造を構成しているからである。

人称化へ　ピアジェがつぎの〈前操作的表象の水準〉（二〜六、七歳）の目印とするのは、〈意味されるもの《シニフィエ》〉から多少とも分化し、意味するはたらき以外には役に立たない〈意味するもの《シニフィアン》〉が顕在化する記号機能の出現である。子どもは見たものを模倣するが、これは感覚‐運動的水準の感応的同調による模倣である。模倣は行為による表象といってもいいが、模倣の対象が目の前からなくなった後で、あるいは目の前にない時に模倣するという場合には（たとえば鳥がぴょんぴょん跳ぶのを見た後でそれを真似する子供のように）、行為が状況の文脈から相対的に切りはなされて、分化された〈意味するもの《シニフィアン》〉となり、思考による表象との中間水準に達する。ピアジェは模倣を一種の「行為による表象」と考え、逆に心像《イマージュ》を、延期されるだけではなく、さらに「内化された模倣」とみなしている。「心像が可能にする表象は、こうしたもろもろの活動の内的素描ないし下描き——それが以後心像を支えてゆくのだが——を利用することによって、あらゆる外的行為から切りはなされ、いま思考になろうとしている。[35]」

知能の研究に力点をおくピアジェの体系では、模倣や心像は、成人においてもその意味をみとめられているとはいえ、思考表象の前段階として価値のハイアラーキーの低いところに位置づけられているような印象をあたえられる。しかしこれらの活動は、単なる思考の前段階ではない独自の価値と意味をもっている。それは「他人の身になる」他者理解の基盤であり、また思考の産物にまさる洗練に達することは、舞踊や演劇、音楽や美術をみてもあきらかであろう。感応的同調は内化されて、心像となり心像は感応的同調を素描することによって、記号的表現と行動的活動のあいだに通路をつけるのである。

〈意味するもの〉と〈意味されるもの〉の分離から生まれる第一の機能は象徴《サンボル》である。象徴では〈意味するもの〉は〈意味されるもの〉となんらかの類似性をのこしている。象徴は有縁的である（どこか似たところがある）としても、子どもの遊びにあらわれる初期の象徴のように、まわりの人間には理解困難な個人的創意をふくんでいる。しかし子どもの行為自体が自然的‐社会的な集団性をもっているから、象徴体系は、なかば個人的であると同時になかば集団的な両義性をそなえているといえよう。この両義性はごっこ遊び[36]にもっともよくあらわれている。ごっこ遊びは自分自身の行為や個人的な興味の対象のまねであったり、他者の役割をひきうけ、演ずることであったりする。ピアジェはごっこ遊びないし象徴遊びは、「現実への適応」というプラグマティックな動機ではなく、「現実を自我に同化する」[37]という動機にもとづいた独得の情感的かつ知的な均衡のとり方であるとする。

子どもは成長するにつれて、まだよく理解できない自然的‐社会的世界に適応してゆかなければならない。ところが子どもは、十分な適応能力をもたないので、情感的にも、知的にも均衡を保つために、身〔自己〕の要求に応じて、思いのままに現実を同化する〈遊び〉という象徴的形式が必要だというのである。思いのままにならない現実を自由に同化するにあたっては、サルトルのいう〈現実の非現実化〉と〈対象の非存在措定〉をともなう想像力が分化しはじめることが必要であろう。象徴遊びというこのなかば想像的、なかば現実的な活動形式では、身が対象にはたらきかける外部指向的な活動と、身が身自身にはたらきかけることによって、対象の意味や価値を変える自己作用的な活動の循環が、幸福な均衡を保っている。それゆえ現実の行動の挫折から生まれた感情的葛藤は、しばしば遊びのなかで解決されるのである。

　おもちゃの家具や人形や自然物をもちい、想像上の他者と遊ぶ一人遊びとしてのごっこ遊びでは、他者もものも道具も想像上の存在であり、自由にあやつれるから、「現実の自我への同化」の側面が強いといえよう。他方、複数の子どもによるごっこ遊びでは、遊びの構造全体は想像上のものであり、自由になるとしても、遊びのきまりや役割分担については、多かれ少なかれ現実的な他者の意志と自己の意志を調節し合わなければならない。それはすでに社会への適応のモデルという側面をもつのである。こうした擬似‐社会的〈ごっこ遊び〉では、身は行動的に自己中心性を脱却して、想像上の他者へと脱中心化し、その役割を演じ、他者《ひと》の身になって行動する。ここにあるのは、同型的な感応による同調のみではなく、応答的な感応による同調でもある。「お父さんごっこ・お母さんごっこ」で、「お父さん」と相手から呼びかけられた子どもは、現実の父を同型的な同調によって模倣するが、つぎつぎ相手が設定する状況と呼びかけに〈お父さん〉として応えるのは、相手にたいする応答的・役割的な同調においてである。

子どもの〈身〉は、他者の視点にも立ちうるものとして、主客の立場や役割を交換し、さまざまのレベルや状況で他者の「身代り」をつとめ、他者への「身変り」の可能性をもつものとして、みずから身を潜在的に〈身分け〉する。このような中心化―脱中心化―再中心化の循環をとおして、子どもは他者とのかかわりにおいてある相互所属性としての自己を把握する。それはさいしょの中心化の上に重ねられる再中心化の体験として、自己の自己にたいする関係の前意識的な把握である。しかしこの二重化は、脱中心化という他者への関係を、すなわち身の〈外〉への脱出を媒介にしている。身の身自身にたいする反省的関係は、すでに身の他者への関係を内包するのである。

ごっこ遊びにおいて、形成される間身体図式は、他者とものを身分けすることを通して、身自身を身分けする。このような相互交換の活動図式が形成されることによって、人称代名詞の交換図式の把握も可能になるであろう。〈私〉を意味する「太郎ちゃん」や「僕ちゃん」は交換不可能であり、非可逆的な対他関係しかあらわさないが、人称代名詞として使われた「僕」は、「君」や「彼」(彼女)と交換可能である。人称代名詞のシステムは、立場の交換による他者との関係の可逆性と、〈私〉が「僕」でも、「君」でも「彼」(あるいは「彼女」)でもありうるという〈私〉の人称的重合構造を表現している。すでにお母さんごっこや郵便屋さんごっこは、家族や社会の制度を含んでいた。ごっこをする〈身〉は、制度に拘束され、制度のなかの変数としてある〈身〉の役割的な重合構造のひな型となっている。

さらに明確なルールをもった遊び（これはつぎの具体的操作の水準で可能になる）では、ルールという、ものでも他者《ひと》でもない非人称的なシステムが内面化され、システムの内にある身が、より自覚的に身分けされる。これは社会の組織や制度、おきてや法が内面化されるモデルとしてはたらき、人《ひと》としてのいわば非人称的な社会的自己が形成される原型となるであろう。

このような仮設的な〈身〉の交換を通じて、子どもは自己と他者の相互性を把握する。自己中心性（ピアジェ）は、実は自他の未分化なレベルでの身の組織化の仕方であり、真の自己性とはいえない。自己と他者の相互性が把握されたとき、他者とのかかわりを媒介にして、自己の自己にたいするかかわりが身分けされ、人称的自己が形成されはじめるのである。しかし自他が未分化な共生状態から、ものと他者を身分けすることによって、身みずからを身分けする人称的自己は、実体でないのはもちろん、一義的あるいは複‐一義的に規定される存在でさえない。人称的自己は、さまざまの他なるものおよび自己自身との関係が交叉する網目のうちに生起する多重帰属的・依他的な関係的存在である。なかでも人称化にとってもっとも重要な関係は、いうまでもなく他者とのあいだにある相互所属的かつ相互主体的な両義的関係であろう。

アレグザンダーのセミ・ラティスにおいて、重合するセットを構成するユニットの重要な特徴は、このような二重帰属性ないし多重帰属性であったが、〈身〉はこうした多重性をみずから引きうけ、とらえかえすことによって、相互主体的存在となる。このとらえかえしを可能にするのが、内言化を介する自己の二重性の自覚としての反省である。すでにピアジェは、子どもの遊びにみられる象徴的行為が大人にとっての内言の機能をはたす場合があることに気づいていた。行為をともなわない内面化された活動としての心像では、内言的性格がいっそう強化されるといえよう。

しかし記号機能の水準の子どもにとってもっとも大きな出来事は、いうまでもなく言語の習得である。一語文から二語文、短文へとコミュニケーションの言語(外言)は発達するが、四歳から六歳ごろになると、自分自身のために話す自己中心的言語(一種のひとり言)が分化する。お絵かきやお人形遊びをしている子供は、しばしばなかば伝達的、なかばモノローグ的な、独得のひとり言を言うであろう。この時期の子供は考えていることが口に出てしまうのである。あるいはしゃべらないと考えられないといってもいい。この自己中心的言語は学齢期にはほぼ内言化されて姿を消し、コミュニケーションのための外言と、自分のなかで考え、自分にたいして語る内言が成立する。内言化はコミュニケーションの言語(外言)の習得とともに、人称化にとって画期的な出来事である。

何かを知覚し、さまざまの感情を抱いたとしても、感覚-運動的なかまえや心像によって、非言語的レベルで思考したとしても、経験や活動を永らく保存し、対象化し、反省することは困難である。内言化は経験や活動を対象化し、反省することができるための第一歩である。それはまた、ものや他者に向かう活動のなかで潜在的に身分けされていた自己が、自己にとっての自己として顕在的に自覚されるための基礎的条件でもある。自己の反省的自覚は、可逆性の体験が深まるつぎの具体的操作の水準で可能になり、形式的操作の水準でより深化されるとはいえ、子どもはすでに行為において自己の二重性を生き、たとえば嘘をつくことができるようになる。嘘をつくことは、まだ無自覚的ながら、自己の二重化のはじまりであり、さらに他人《ひと》に「分かってもらえない」挫折の体験では、対他的自己と、自分だけが「分かっている」対自的自己の二重性が、不満の怒りのなかで非反省的に把握されている。

このようにさいしょの自己のめざめは、三歳から五歳ごろにみられるいわゆる第一反抗期となってあらわれ、その後もさまざまの形をとって波のように反抗がくりかえされる。出産や乳ばなれが、受動的な分離であるのにたいして、反抗は能動的な分離である点に、人格形成の転換期としての重要な意味があるといえよう。そこでは積極的に自己が主張され、親や家族から能動的に自己を分離する拒否を通じて、共生的状態を否定し、みずからにめざめてゆく。この時期の子供は親の言うことに対しては、何でも「嫌!、嫌!」と否定する。しかしこの共生からの脱出は、単なる否定、単なる対立ではなく、それ自体共生的安定との微妙なかかわりのうちにある。

したがって自己をとりまくものに安心して依存することができず、世界にたいして基本的信頼を抱くことができなかった子どもは、逆に反抗することができなかったり、いわゆるおとなしい、親にとってはいい子であったりする。反抗しても安定した自己を確立することがむずかしく、極端から極端へゆれ動き、思いもかけぬ突然の暴力をふるったりする。脱中心化は再中心化でもある。身の共生からの脱出と共生的他者の非属領化は、より拡大した世界を再属領化することによって、相対的な動的均衡をもたらす〈身〉の網目の再構成を必要とする。この再構成もまたふたたび脱中心化による意識世界の拡大への方向線と、前-意識的なレベルでの非中心化による集合的共生への方向線をともにはらんでいるのである。

交換不可能な自己と交換可能な自己

ピアジェはこれにつづく段階を操作的構造の段階として、具体的操作の水準（七、八歳から一一、一二歳）と形式的操作の水準（一一、一二歳から一四、一五歳）に分ける。この二つの操作水準の特徴としてあげられるのは、具体的操作の時期の子どもの操作《オペラシオン》は、直接事物をめざし、事物にたいする現実の活動の具体的内容とむすびついているのにたいして、形式的操作の段階では、操作は事物との具体的なむすびつきから解放されることである。形式的操作の水準では、操作の内容と形式が分化し、操作は、言語によってあらわされた単なる仮説にすぎない命題にもとづく、純粋に可能的な操作となる。

すでに感覚-運動期の終りには、感覚-運動的活動のシェマに構造化がみられ、たとえば移動は一つの基本的構造（移動群）に組織された。また記号的・象徴的水準では、活動が心像として内面化されることが原理的に可能になる。ところがすでに行なわれた操作を心像として再現したり、まだ行なわれていない操作を前もって心像化したりすることは、それほど容易ではない。ピアジェの研究によれば、象徴的水準では、静的な布置を再生できるだけで、運動や変形の再生は困難であり、まして運動や変形の心像を前もって思い浮べることはできない。それらは具体的操作の水準ではじめて可能になる。というのも運動や変形の心像は、それを再生するにすぎない場合でも、予期を前提し、したがって具体的操作に依拠するからであろう、とピアジェはいう。つまりある活動が実践的にできても表象の上でそれができるためには、活動の水準が移され(垂直的デカラージュ)、表象の水準でシェマが再構成されなければならない。

前操作的段階から、具体的操作、形式的操作の段階へとすすむにつれて、操作は、より抽象的・仮設的になり、現実には不可能な可逆操作が思考の上でなされる。水に食塩をとかすと、それを元にもどすことはできないが、仮設的に元にもどすことによって、濃度の問題が解かれる。こうして〈活動〉が実践的に脱中心化されなければならないのと同様、〈操作〉も身と身のはたらきに癒着し、中心化したあり方から表象的に脱中心化される。これは同時に表象の上で、身みずからを、コミュニケーションによって拡大された間主体的世界のうちに位置づけることでもある。そのような脱中心化は、ものとの関係での脱中心化であるのみではない。それはルールのある遊びや非言語的および言語的コミュニケーションを介して、他者や他者の集団に役割的に同調し、視点や操作を交換する社会的脱中心化でもある。したがって操作は、大部分の前操作的活動にくらべて、他者との交渉や共応をより必要とする。逆にまた、この操作の協働操作的な側面が、操作的構造の内的整合性と普遍性を客観的に、すなわち間主観的に保証する不可欠の条件となっている、とピアジェは指摘している。

具体的操作は、その操作の合成が任意の組み合わせによっておこなわれるのではなく、隣接《コンティギュイティ》にもとづき、一歩一歩漸進的な共応によっておこなわれる全体的構造であり、一般化された結合を欠いている。このような構造の特性をピアジェは群性体《グループマン》と呼ぶ。群性体は、群《グループ》と同族であるが、完全な結合性を欠いた亜群《グルポイド》であり、束《レゾー》に近いが、〈結び〉または〈交わり〉の一方は決定されるものの、他方は定義されていないので、単に半束《セミ・ラティス》の形式においてあるにすぎない[38]。それはたとえば順方向の合成操作[A＋A′＝B]、逆操作[B－A′＝A, B－A＝A′]、同一性操作[A－A＝0, A＋0＝A]、特殊同一性ないし同義反復操作[A＋A＝A]、部分的結合操作[(A＋A′)＋B′＝A＋(A′＋B′)ただし(A＋A)－A≠A＋(A－A)]といった直接的な操作による合成の漸進的な連鎖をなしている。群性体は、具体的操作の段階にある知的活動の均衡状態のモデルであり、アレグザンダーのセミ・ラティスの場合と同様、経験的裏づけが、そのすべてのタイプについてそろっているわけではない。

「群性体は群と束の性質を部分的にもつものであって、発達的にはそこから群と束とに分化してゆくと考えてよいであろう」[39]（波多野誼余夫・江口恵子）とされるように、形式的操作の均衡状態として群‐束モデルを考え、そこから逆に発想された感がある。したがって形式的操作は、群性体に固有の制限からの解放とみなされるのである。群性体の形式的構造はあまり明瞭ではなく、具体的な事例へのピアジェの適用の仕方はしばしば比喩的であるが[40]、発達心理学的には、具体的操作は、合成されて、新しい一つの操作を生み、またいくつかのことなった操作過程を結合して、同じ結果に到達することができ（まわり道）、さらに逆の操作が可能であり（逆もどり）、したがって操作の対象が保存されることを意味する。この場合、現実の操作の質的な差異《ちがい》と操作の経過の非可逆性は捨象され、形式のみがとり出されるが、捨象の度合によって、形式的意味はかわってくる。自己の活動に粘着して考えれば、まわり道や逆もどりは同じ結果をもたらさない。これを同じとみるところに操作的知性の特徴がある。この操作的知性の強調は、ピアジェが「（行動の）情感的な相と認識的な相の両者は、分離できないと同時に相互に還元することができない」[41]とのべながらも、知性の発達の研究に重点をおいてきたかれの知性主義的傾向をよくあらわしている。

人格発達の面からみれば、自己形成は、前操作的活動の非可逆性と操作の可逆性の相補的循環にもとづき、中心化と脱中心化（ないし非中心化）の動的均衡の上に成立している。ルールをもった遊びのところでのべたように、そのようなゲームは協働的性質をもった社会的関係のひな型であり、自己は、より関係的、より交換可能な役割存在として脱中心化されるが、同時にその自己は感覚－運動的な交換不可能性の感覚に支えられている。言語の使用においても、他者の観点に立って理解し、話すことができるようになるが、それは自己の観点に立つ主張をより明確化し、交換不可能な自己（身）についての反省を深化させるのである。反抗はたんなる対立、たんなる独立から自律へとすすみ、自己を客観的に評価し、他人《ひと》の眼からみた自分をとらえることができるようになるとともに、他人《ひと》にたいして、自分をかくすようになる。こうしたことは、形式的操作の段階で一層明瞭になる。自己の社会性を強く意識し、他人《ひと》を意識する思春期は、いわゆる第二の反抗期であり、孤独を強く感じ、自己の独自性を最も強調する時期でもある。じっさいこの時期ほど、「自己とは何か」が中心テーマとなり、また「社会とは、人生とは何か」が真剣に、しばしば性急に問われる時期はないのである。形式的操作による抽象的・可能的なものについての思考の発達は、ありうるものとしての理想我や理想社会と、現にある現実我や現実社会との二重化をもたらし、そのギャップに悩む。人格は、内面と外面、自己と社会、理想と現実といった多重的な葛藤のうちにおかれるのである。

　さらに身の交換可能性と脱中心化は、人称化を可能にする条件であるとともに、非人称化への傾向をはらんでいる。〈外〉がなければ身は〈自己〉としてみずからを人称化することができない。他方〈外〉のシステムが巨大となり、制度や、制度のうちにある機械系（たとえば装置産業の機械群）や記号系（たとえば情報産業を介した情報）を仲だちとして身が行動するとき、身は身のはたらきのうちにそれらを組み込むと同時に、むしろそれらのはたらきに組み込まれる。身は〈外〉の論理によって身分けされ、単なる人《ひと》として非人称化される。[42] それはまた相補的に、集合的な〈内〉への共生的非人称化の欲求を呼びさますであろう。この両方向の非人称化は、人称的世界の非特権性をあばくとともに、それぞれの非人称化がかくしている固有の問題をあらわにするのである。[43]

Ⅱ

双面神としての言語

——〈身分け〉と〈言分け〉の交叉——

知慧の木の実を食べたアダムとイヴのように、また w-a-t-e-r ということばを初めて理解したヘレン・ケラーのように、ことばの発生以来（もちろん「知慧の木の実」をことばにたとえているわけではないが）、われわれの世界認識は大きく変り、世界像もまた飛躍的に明瞭さをましたであろう。知慧や理性がしばしば光にたとえられたように、光は物事の輪郭をはっきりさせ、これまで闇か霧のなかにかすんでいた物事のすじ道をはっきりさせる。しかし同時に光は闇のなかで感じていたものを逆説的に見えなくさせ、光の向うに拡がる闇をますます深くする。

ことばもそれに似たはたらきがある。ことばは物事の文目《あやめ》をはっきりさせ、知を社会的に共有し、歴史的に伝達することを可能にする。ことばによる知の蓄積、感情の表現、コミュニケーションは、文化の基盤となる。われわれはことばの海に生れ育ち、前章でのべた〈身分け〉のレベルにも〈言分け〉（丸山圭三郎）は、無意識のうちに浸透している。ことばの力は、光と同じく、ことばで言いえないものをきわ立たせ、生みだしさえするのである。

そこでことばについての考え方にも、二つの方向が出てくる。ことばのはたらきをあくまで光としてのはたらきに限定し、明確な輪郭と確実性を追求する方向である。理性文法から論理実証主義にいたる線がこの方向にあるのはいうまでもない。もう一つの方向は、ことばによる限定と一般化を多義化し、曖昧化し、闇を表現しようとする方向である。いささか乱暴な単純化だが、神秘主義からサンボリスムにいたる線はこの方向にあるだろう。ところがこの二つの線は、その始まりにおいても、終りにおいても、案外近いところにある。

ポール・ロワイヤルの理性文法や論理学の半分以上は、じつはレトリックが主題である。前期のヴィトゲンシュタインは、語りえないものについて語ることを禁じた。これは前者の線で理解することもできるが、後者の線で考えることもできる。かれは語りえないものの重要性を知っていたからである。闇を語ってはならない、というのは一つの知恵である。ところが不立文字を徹底的にとなえた禅は、さまざまの語録であきれるほど語っている。語り方がちがうとはいえ、この両者の対立は、ことばの二面性と、言語と非言語の相補性を逆説的に示している。

ことばは世界を〈言分け〉し、認識を明瞭にするだけではない。世界を創り出す。ヴィトゲンシュタインの『論理哲学論考《トラクタートゥス》』に惹かれた人は、おそらく身に覚えがあると思うが、この本の魅力の大半は、論理的な明晰さなどではない。ヨハネ伝の冒頭さながら、多くの人は、空白のなかに〈ことば〉が発せられ、世界が創りだされてゆく神秘に似たものを感じて、感動したのではないだろうか。

1　言語と記号

言語学から記号学へ

よく知られているようにソシュールは、言語《ラング》は記号《シーニュ》の一体系であり、したがって言語学は、社会生活のなかでもちいられるもろもろの記号体系を研究対象とする、より一般的な科学、つまり記号学《セミオロジー》に依拠する、という考え方を示唆した。かれは、将来存在するべき記号学がどのような科学になるかを予見することはできないとしながらも、記号学によってあつかわれるべき記号の体系として、文字、海事記号、聾啞者の手話、盲人のための点字、儀式、社会的慣習、礼法上の身ぶりなどをあげている。これらの記号は、それが意味する観念とのあいだに自然的なつながりがなく、何かを恣意的な仕方で意味しているかぎり、言語活動《ランガージュ》と共通した特徴をもっている。記号がそれが意味するものとの関係で恣意的であるということは、一つの記号は、他のもろもろの記号との示差的な関係のなかではじめて記号としての価値をもち、体系の全体に依存していることを意味する。この記号体系は非個性的であり、個人の外に、社会的な規約にもとづいて成立し、個人が勝手に変更することはゆるされない。かりに最初は意志的に生みだされたとしても次の世代にとっては、変えることのできない規約となる。

言語記号は恣意性が強い(もちろんこれにたいする反論は、メルロ＝ポンティをはじめ、全面的ではないにしてもいくらもある。とくに日本の「言霊論」はそうである)。それにたいして、礼法上の身ぶりは、地面にひれ伏し、皇帝の前にぬかずいて九拝する中国人の所作のように、それ自体としてなかば表意的であり、動機づけをもった(有縁的な)象徴《サンボル》に近づく。象徴の特徴は意味するもの《シニフィアン》(意味作用面)と意味されるもの《シニフィエ》(意味内容面)とのあいだに、なんらかの自然的なつながりがあることであり、言語の恣意性を強調するソシュールが、言語記号を指すのに象徴という言葉をさけたのはこのためである。したがって将来記号学が建設されたとき、パントマイムのように完全に自然的な記号にもとづく表現様式を記号学の対象に入れるべきかどうかについては、ソシュールは意見を留保している。さきほどの皇帝に九拝する中国人の礼法の場合でも、その表現は、それ自体として自然的な表意性をおびているとはいえ、そのような礼法が社会的な規則によって定められていることに変わりはない。皇帝の前へ出た中国人がこのような礼をしなければならないのは、あくまで社会的規約としての礼法に定められているからであって、もっぱらその身ぶりがもつ内在的価値によるのではない。したがって将来の記号学がパントマイムをも考察の対象に入れるとしても、記号学の主な対象が、恣意性を一方の極におく記号の諸体系であることに変わりはないのである。

理論的にいえば言語学は、一般記号学の一分科にすぎず、一つの特殊な記号体系にすぎない。

しかし同時にソシュールは、言語学がもろもろの記号学のなかで特権的価値をもち、代表例となりうると考える。というのは第一に、意味するものとの関係で自由な形態をとることができるという記号の恣意性は、記号学的な過程の理想を実現するのに必要な条件であるが、言語はもっともよくその条件をみたしているからである。第二に多かれ少なかれ記号の恣意性と密接に関連しているのではあるが、示差性をはじめ記号の体系に本質的な諸特徴は、言語を研究することによってもっともよく理解されるからである。

記号学から言語学へ

ソシュールが予見した記号学は、その後めざましい発展をとげたとはいえないが、その理由をロラン・バルトは、ソシュールが(そして主な記号学者が)、言語学を記号についての一般的科学の一部にすぎないと考えていた点にもとめている(『記号学の原理』)。ソシュールが記号学のなかに占める言語学の重要性を強調したといっても、それは記号学的研究のモデルとしてにすぎない。ところがバルトは、記号学者は、最初は非言語的な資料を研究することからはじめても、研究の途中で、おそかれ早かれ言語活動に出会わざるをえないという。それも単にモデルとしてではなく、構成要素として、中継者として、意味されるものとしてである。というのも物や映像や行動も意味することができるし、それも豊かな意味をもっているが、それだけで独立して意味することはできない。視覚記号にしても、映画や広告やマンガや新聞写真をみればわかるように、言語的なメッセージを重ねられることによって、はじめて意味がはっきりする。少なくとも図像《イコン》的なメッセージの一部は、言語体系と構造的に重複し、交代する関係にある。衣服や食物のような物の集まりについてはなおさらのこと、言語を介することによってはじめて体系の段階に達するであろう。つまり言語が物から意味するもの《シニフィアン》を名前として切り抜き、意味されるもの《シニフィエ》を用途や理由として指定する。言語外の記号をあつかっていても、真に社会学的な深みをもった記号の総体を考察しようとするや否や、ふたたび言語活動に出会うのである。およそ記号学的な体系はすべて言語活動とまじり合っているので、意味されるものが言語活動からはなれて存在しうるような映像や物の体系を考えることはますますむずかしくなってきている、とバルトはいう。ある資料が意味することを知覚することは、結局言語による切りとりにたよることであり、ことばで名づけられた以外の意味は存在しない。意味されたものの世界は、結局言語活動の世界にほかならない。

この文章は、バルトの逆説好みと西欧文化に根強い言語中心主義をよくあらわしている。記号の織りなす構造が言語を介することによって、はじめて体系的にのべることができるとしても、そんなことは自明のことであり、言語を介することがなければ体系に達しえない、などというのは、言語帝国主義以外の何ものでもない。

このようなバルトの考え方の背後には、そもそも現代の社会生活のうちには、人間の言語活動以外に、ある程度の豊かなひろがりをもった記号体系が存在するかどうか疑わしい、という認識がある。そこで『記号学の原理』の序文では、未来にありうる事態として、『モードの体系』の序文では、より断定的に、ソシュールの命題が転倒される。言語学は、記号についての一般科学の一部ではなく、むしろ記号学が言語学の一部なのである。もちろん言語学的な意味での言語活動を問題にする一部門ではなく、話《ディスクール》という「大きな意味単位」を取りあつかう一部門である。この第二の単位は、言語活動の下にあって意味するが、言語活動なしには決して意味をもたない物や出来事にかかわる話《ディスクール》の断片である。

だから記号学が言語学の一部門であるというのは、記号学がこのような超言語《トランス・ランギスティック》学に吸収されることを意味する。「人間は自由の刑に処せられている」といったサルトルをもじって、バルトは「人間は分節言語の刑に処せられており、いかなる記号学的な企てもそれを無視できない」という。意味するはたらきをもつあらゆる秩序は、ことば《パロル》によって宿命的に中継される。神話や儀式が〈理《レゾン》〉の形式、つまりことば《パロル》の形式をとるわれわれの社会のような社会では、人間の言語活動《ランガージュ》は、意味のモデルであるばかりでなく、意味の根底であるというのがバルトの主張である。

しかし傍点を付したように、「現代の……」という時代的な限定と、「われわれの社会」という空間的な限定とは何を意味するのか。バルトが指摘するように、現代は、映画やテレビや写真や広告やマンガのように映像が氾濫しているにもかかわらず、「昔よりも一層エクリチュールの文明」の時代である。だが図像解釈が生き、様式が生きていた時代には、図像はもっと独立した体系的意味をもっていたのではないだろうか。自然の事物についても、万事が意味的なかかわりの秩序をもつと感じられていた時代には、人は「ことばによって語るのではなく、しるしによって示し」(ルソー)、ことば自体がむしろ事物の秩序のうちに埋もれていたのではないだろうか。人間のみではなく、万物がことばを介さずに語ったのである。

また「われわれの社会」が第一義的にはヨーロッパ社会(とくにフランス社会)を意味しているとすれば、非ヨーロッパ社会ではどうだろうか。文明化され、多分に西欧化されているわれわれにとっては、「神話や儀式が理《レゾン》の形式、つまりはことば《パロル》の形式をとる」という表現は、理解できないわけではないにしても、ほんとうにわれわれの社会においてもそうなのだろうか。これは記号学がわれわれの社会にたいしてもつ意味にもかかわる問題であり、前提であるよりはむしろ記号学的研究が結論を出すべき問題であろう。とはいえつぎのことは注意しておいていいだろう。言語的コミュニケーションに関して、人間と動物のあいだに断絶をみとめる人も、非言語的コミュニケーションに関しては、連続性をみとめがちであるが、これはまちがっている。言語の発生とともに、非言語的コミュニケーションもまた、動物のコミュニケーションから、ある面で飛躍したのであり、言語ほど明瞭ではないとはいえ、表示的意味作用《デノタシオン》や伴示的意味作用《コノタシオン》に類似した性格をも帯びる可能性をもったのである。そのかぎり言語に照らして、非言語的記号を考察する試みは有意義であり、不可欠でさえあるだろう。しかし言語学と記号学の基礎が確実にすえられる時代は、言語と記号が世界から追放され、みずからをかえりみる（言語と記号にとって）不幸な時代ともなりかねない。じっさいわれわれは、すでにそのような時代に入りつつあるのではないだろうか。これは狭い意味の言語学をも記号学をもこえる文化論の問題であるが、この問題をぬきにして、現在、言語と記号の問題を考えることはできないのである。

もちろん言語と記号がみずからをかえりみ、自覚することを否定しているわけではない。そうせざるをえないところへわれわれは来ているのであり、それだからこそ、言語学と記号学が成立するのである。そして両者が自立する時代は、もっとも言語と記号が力を失った時代であるというパラドックスにわれわれは直面している。

一七世紀の言語論と記号論

記号学は言語学の一分科であるという考え方に立ってバルトは、記号学に適用するのに十分一般的であるとアプリオリに考えられる四つの分析上の概念を構造言語学から借用する。そのうち〈言語《ラング》とことば《パロル》〉、〈意味されるもの《シニフィエ》と意味するもの《シニフィアン》〉〈統合《サンタグム》と体系《システム》〉はソシュールに由来し、〈表示的意味作用《デノタシオン》と伴示的意味作用《コノタシオン》〉はイェルムスレウに由来する。このほかその後の記号学の影響を受けた重要な概念は、チョムスキーの〈表層構造《サーフェス・ストラクチャ》と深層構造《ディープ・ストラクチャ》〉の考え方である。チョムスキーはこの考え方の源流をポール・ロワイヤル文法にさかのぼらせているが、ソシュールとイェルムスレウからバルトが借用した概念のほとんどについても、また記号学一般についも、デカルトをはじめとする一七世紀の言語論と記号論にすでにその原型が示されているのである。

われわれは現代から過去を振り返り、現代の観点で過去を裁断しているが、その過程でどれほど大きな可能性が切りすてられたかには気づかない。現代の観点から昔（たとえば一七世紀）を新しく見なおすことが重要であるのと同じくらい、いやそれ以上に「一七世紀の視点から現代を見直し、批判する」（福居純）ことが、とくに現代では重要なのではないだろうか。

それはさておきチョムスキーはその『デカルト派言語学』をデカルトの言語論の検討からはじめている。デカルトが言語についてのべた個所は少ないが、そのなか（『方法序説』）でデカルトは、人間と機械および動物を分ける指標として、言語の創造的使用と理性による創造的対処の能力をあげている。デカルトによれば、機械は、われわれのようにことばやその他の記号を組み立ててもちいることはできない。もちろん機械がことばを発するように、さらにはその器官になんらかの変化を起こさせる物体的作用（刺激）に応じて、ある特定のことばを発するように作ることはできる。しかしそのような機械も、相手のいうすべてのことばに、意味に応じた受けこたえをするために、ことばをさまざまに並べることができるとは考えられない。これは人間ならどんなに頭のにぶい人にもできることである。
これはまた動物と人間のちがいでもある。人間はどんな患者や狂人でさえも、さまざまのことばを配列して話をつくり上げ、自分の考えを他人に分らせることができる。ところが動物はどんなに完全で筋がよくても、そのようなことはできない。それは他の動物が器官を欠いているせいではない。オウムは人間のようにことばを発することができるが、われわれのように、自分の言っていることをじっさい考えていることをあきらかに示しながら話すことはできない。ところが人間は話すための器官を欠いていたとしても、たとえば生れつきの聾唖者であっても、なんらかの記号をみずからつくりだすのがつねである。そういう記号によって、いつも一緒にいてかれらの言語を覚える暇のある人々に、自分の考えを通じさせることができるであろう。このことは動物が人間より少ない理性をもっているということを示すにとどまらず、理性をまったくもたないということを意味する。というのも子供や愚者の例から分るように、話すことができるためには、ほんのわずかの理性しか必要としないからである。

このデカルトの考え方は、言語＝理性＝ロゴスという考え方を見事に示している。日本の「理（ことわり）」もまた「言割り」として、言語との密接なかかわりが考えられるが、「理」（ことわり）の場合には、石の筋目や木の木目のように、もう少し広い意味をもっているように思われる。物事のうちにかくされた筋目もまた「理（事割り）」なのである。われわれは「感性」のロゴスや感性や直観によってとらえられる「ことわり」もまた、暗黙のうちに認めているのではないだろうか。

チョムスキーは、デカルトが着目したこのような人間の言語の特徴を、言語の創造的様相と呼び、三つの点をあげている。

第一はたえず新しいことを言うという改新性である。われわれは過去に聞いたことをくりかえすのではなく、過去に聞いたことのある文や発話に、パターンにおいても似ていないことを言うことができる。だから、われわれがただちに理解し、言うことができる自国語の文は天文学的な数字に達する。しかし潜勢的に無限であるということだけが重要なのではない。その意味では、動物の行動も刺激の変化に応じて潜勢的に無限だといえるからである。

人間の言語の特徴は、第二に、外的ないし内的な刺激によって決定されず、刺激による制御からの自由であるという点にある。言語は正常な人間にとっては思考と自己表現の用具として役立つが、それは刺激による制御から自由であるというこの第二の特性のゆえである（これはデカルトが人間と動物および機械とのちがいとして二番目にあげる「理性による創造的対処の能力」と密接に関連している）。しかしこれだけでは機械論的説明の限度を踏み越えていない。

そこでチョムスキーはさらにデカルトがあげる第三の特性に注目する。人間の言語活動には、予想外の発言にたいしても適切に受けこたえするという、状況にたいする適合性がある。これは外的刺激による制御とは別のものであり、正常な言語使用を狂人や妄語のさしあたって今のコンピュータの出力から区別するものである。

デカルトはこの創造的使用の能力が狭い意味での言語にのみかぎられていると考えていたわけではない。それはデカルトが「われわれがことば《パロル》をもちいたり、他の記号《シーニュ》をもちいたりするように……」と言っていることからもあきらかであろう。この記号が何を意味するかはとくに限定していないが、生まれつきの聾唖者も「なんらかの記号《シーニュ》をみずから発明し、いつもかれらと一緒にいてかれらの言語《ラング》をおぼえる暇のある人に、その記号《シーニュ》によって自分の考えを通じさせるのである」と言っているように、これらの記号のうちには、聾唖者の指話や手話（現在のもののように言語を基礎としたものだけではなく）のような身ぶり言語も含まれており、それらの記号も広義の言語《ラング》と考えられているのである。

したがってデカルトが人間と動物や機械を区別する指標としている言語使用の能力とは、ことばとことば以外の記号を含めた記号使用の能力と考えることができる。しかしことば以外の記号を含むからといって動物にも人間にも共通するような身ぶりや表情や叫び声をことばに含めているわけではない。デカルトは、ことば《パロル》と自然的動作《ムーヴマン・ナチュレル》の混同をいましめ、「自然的動作は情念をあらわし、機械によっても動物によっても模倣されうる」として、両者を峻別している。われわれが非言語的なコミュニケーションを考える場合にも、伝達を意図しない自然的動作や、デカルトがことばの特徴としてあげる条件をみたさない意味のある所作と、記号的表現とを区別しなければならないであろう。

デカルトがことばにあたえている特徴は、言語のかわりをする人工的な非言語的記号に関するかぎり、ほぼあてはまるが、自然的動作やそれに近い意味のある所作のような擬似記号となると、これらの条件はかならずしも十分にはみたされない。たえず新しい表現が生みだされるというよりは、多くの場合、定型的な表現がくりかえされ、外的または内的な刺激によって規定される度合が大きい。状況にたいする適合性はあるが、その適合は現前する直接的状況への適合にかぎられ、現前しないが、かつて現前した、あるいはやがて現前するであろう状況に適合した表現は困難になる。しかし言語レベルのシンボル化能力をそなえた人間の場合には、意味のある所作は、動物の自然的動作とはことなり、それ自身シンボル的レベルに近づき、両者を判然と区別することがむずかしくなる。

ともあれデカルトが指摘した言語の創造的様相は、言語活動については機械論的な説明が不可能であり(デカルトは人間が機械でないことの根拠として言語活動をあげたのだから)、また言語は帰納と一般化によって習得され、条件づけられるという経験論的説明が破産することを示している。そこでチョムスキーは言語の創造的能力への驚きからはじまるポール・ロワイヤルの理性論的な一般文法の考え方を復権しようとする。この視点には機械論的・経験論的言語学への批判と同時に、ソシュールに基礎をおいた構造言語学への批判が含まれている(『言語と精神』)。

チョムスキーによれば、構造言語学は、表層構造の分析にとどまり、信号のうちにはっきり示されている形式的な特性と、信号から分割と分類の技術によって決定され析出された句と単位の研究をこえることができない。ソシュールの場合でいえば、分割と分類によって析出された単位が並ぶパターンは、統合関係、すなわち発話の流れのうちで継起するパターンであるか、連合関係、つまり発話の流れのうちで同じ位置を占めうる諸単位のあいだの関係であるかのいずれかである。しかしこのような分類学的分析には、ポール・ロワイヤル文法をはじめとする哲学的文法がいう意味での深層構造を容れる場所がない。ソシュールの分析によっては、表層構造の基底にある深層構造を抽出することはできないし、連合関係は特定の表層構造を支えているおきかえ可能な文法的単位を示すけれども、それは文法的に可能な表層構造を示すだけであって、特定の表層構造を支えている特定の深層構造の抽出を可能にするわけではない。また深層構造から表層構造をみちびき出す変形操作を規定するものでもない。チョムスキーはそれらを可能にする生成文法の原型をポール・ロワイヤル文法にみいだすのである。

しかしデカルトの言語・記号論については、もう一つつけ加えておくべきことがある。それはつぎの二点である。

第一に、デカルトは普遍言語の考え方に好意的であり、理論的にはそれが可能だと考えていたが、実用的な可能性については疑いをいだいていた(『メルセンヌへの手紙』一六二九年一一月二〇日付)。あらゆる言語には、学ばなければならないことが二つある。一つは語の意味であり、もう一つは文法である。前者については辞書を使えばよいが、困難は文法にある。そこで活用も語尾変化も、語形成も、ただ一つの仕方でのみ行なわれ、慣用による変質から生じた欠如形も不規則もなく、名詞と動詞の屈折と構成は、原型語《モ・プリミティフ》の前か後に添加辞をつけることによっておこなわれるような語をつくれば、普通の人でも数時間もすれば、辞書の助けをかりてこの言語で文を作ることを学ぶであろう。このような考え方を基本としてさまざまの普遍言語の提案がなされていたが、デカルトは、普遍言語が公衆に有用であることをみとめながらも、不都合なことが二つあるという。第一は、規則どおり変化させると聞きぐるしい音の組み合わせが出来る場合がある。語の屈折の慣用によるくいちがいは、これをさけるために生まれたのである。第二の不都合は、この普遍言語の単語を学ぶむずかしさにある。普遍言語の単語は、各国語をそのまま使うわけにはゆかないから、すべての言語に共通の原型語を作り、それを学ぶことにしたとしても、いちいち辞書を引くのは、あまりにもめんどうだから慣用されないであろう。それならいっそラテン語あるいはその他の慣用されている言語を学んだ方がましであろう。

　だからデカルトの考えでは、普遍言語が有用なのは、書きことばについてである。各国語の原型語のおのおのにたいして、綴りではなく、意味(たとえば「愛する」)に対応する共通の記号をきめて辞書を作ればよい。そうすれば文法を知り、辞書をもっていれば、この記号で書かれたものを各国語に訳すことができるであろう。デカルトはこれに論理的な考察を加えて、原型語の構成とその記号のための工夫をあげる。数のあいだにおのずからなる秩序があるように、人間の精神に入りこんでくるあらゆる思考のあいだに一つの秩序を確立することができれば、原型語を基本とするこの言語をわずかの期間に教えることができ、普遍言語はたちまち世界中に通用するであろう。

しかし普遍言語の発明は真の哲学に依存している。なぜなら真の哲学が樹立されないかぎり、人間のあらゆる思考を枚挙し、それらを秩序づけることも、それらを明晰判明に区別することさえも不可能だからである。かりに人間の想像力のうちにあって、人間の思考のすべてがそれによって構成されている単純観念が解明され、万人がそれを受け入れれば、学ぶことも、発音することも、書くこともやさしい普遍言語――判断を助け、すべての物事をきわめて判明に示すので、誰でもほとんどまちがいをおかすことがありえないような普遍言語――を考えることができる。デカルトはこのような理想的な普遍言語とそれが依存する学《シアンス》が可能であると考えていたが、それがじっさいに通用し、実現するという現実性には疑いを抱いていた。そのためには物事の秩序に大変化が起こり、世界全体が地上の楽園とならねばならぬが、それは物語《ロマン》の国にのみふさわしい話であろうという。しかし後でのべるように、ライプニッツは、普遍言語の構築が、真の哲学の完成をまたなければならないとは考えなかったのである。

第二の点は、デカルトが自然の信号《シーニュ》という考え方をもっていたことである(『世界論』)。自然はある信号を設定していて、たとえば視覚の場合、信号そのものは光の感覚に似たものをまったくもっていないにもかかわらず、われわれに光の感覚を起こさせるということがありうる。それはちょうどことばが、それが意味するものと似ても似つかず、人間の作った制度による以外、何ものをも意味しないにもかかわらず、われわれにそれが意味するものを思いいだかせるようなものである。同様に、自然は笑いや涙を設けて、人の顔に喜びや悲しみを読ませる、という。さきほどの『方法序説』でのべられた記号がコミュニケーションの記号であるのにたいして、ここでとり上げられている記号(信号)は、かならずしも伝達を意図しない意味作用《シニフィカシオン》の前提にある記号である。コミュニケーションの記号と意味作用としての記号、人為的記号と自然的記号、動機づけをもたない恣意的な記号と動機づけられた類縁的な記号という対立もまた、後にライプニッツによって統一的に考察され、哲学的な基礎づけがあたえられるであろう。

2　ポール・ロワイヤルの論理学

ポール・ロワイヤルの文法

チョムスキーがデカルト派言語学のもう一つの重要な寄与と考えるのは、ポール・ロワイヤルの文法である。『ポール・ロワイヤルの一般理性文法』は、文法を「話す技法《わざ》」と定義する。「話す」というのは、人間がそのために発明した記号によって自分の考えを表明することである。したがって記号のうちに二つのものを考察することができる。一つは記号が本来もっている面、つまり音と文字によってあらわされる外的・形態的な様相である。もう一つはその意味作用、つまり人間が記号をもちいてみずからの思考をあらわす仕方であり、後者の側面こそが、人間のことばがオウムの発声とことなる最大の特徴である。つまり人間は自分の考えをあらわすためにことばをもちい、二五ないし三〇の音で無限に多様な語をつくりだすというすばらしい発明をしたのである。チョムスキーの現代的な表現をもちいれば、「言語は有限の手段をもちいて、概念形式と文形式の規則によってのみしばられた無限の表現可能性をもたらす」（『デカルト派言語学』）といえよう。

これらの多様な語は、それ自体はわれわれの精神のうちに起ることに似ても似つかぬものでありながら、他人にその秘密をあますことなく発見させ、われわれの精神のうちに入り込めない人に、われわれが考えていることやわれわれの魂のさまざまの動きを理解させる。そこでポール・ロワイヤル文法は、文法の根底を理解するためには、われわれの精神のうちに起こっていることを認識することが必要であるという。ふたたびチョムスキーの現代的な言いかえをかりれば、文の意味内容をつたえるのは、純粋に心的な構造であり、それは現実の発話の底にかくされた抽象的な深層構造である。文の意味を表現するこの深層構造は、すべての言語に共通であり、思考の形式の単純な反映にほかならない。深層構造を現実の発話の現象的形式である表層構造へ変換する変形規則は言語によってことなりうるのであり、変形から生れる表層構造は、文の音声解釈を決定するけれども、単純なケースをのぞいて、直接には語の意味関係をあらわさない（チョムスキー理論の批判やチョムスキー自身の考え方の細部の変化はここでは問題にしない。一つの考え方の典型例を問題にしているのだから）。

ここから文の深層構造はかならずしも表層構造と同一ではない、というポール・ロワイヤル文法の第二の重要な観察が生まれる。たとえば主語または述語が数語から構成された節は、少なくともわれわれの心のうちでは、いくつかの判断を含んでいる。**Dieu invisible a créé le monde visible.**（目に見えぬ神が、目に見える世界を創造した）というとき、私の心のうちには、この節に含まれる三つの判断が生じる。第一は **Dieu est invisible.**（神は目に見えない）、第二は **Il a** créé le monde.（神は世界を創造した）、第三は Le monde est visible.（世界は目に見える）である。三つの命題のうち第二が主要なもので、第一と第三は付属的な挿入節である。この場合には挿入節は（深層構造として）われわれの心のうちにはあるが、はっきりことばには（表層構造としては）表現されていない。しかしときにははっきり表層にあらわされることもあり、関係詞はそのために役立つのである。たとえば Dieu, QUI est invisible, a créé le monde, QUI est visible. というように。これは別な面からみれば「関係詞が入る節は、他の節の主語もしくは述語の一部となりうる」のであり、それによって新しい文をつくりだすことができるということを意味する。例からみられるように、ポール・ロワイヤルの文法では、抽象的な深層構造を表現する言語学的な装備をもたないので、深層構造は表層構造と同じ形をした普通の文の形式であらわされる。したがってレベルのちがいが明らかではなく、変形規則もまた表面的・部分的にしか追求されていない。

変形生成文法を本質的には、ポール・ロワイヤル文法のより明示的な現代版とみなすチョムスキーは、ポール・ロワイヤル文法の要点と理念をつぎのようにまとめている。

(1) 文は内的・心的な相、つまり意味を伝える深層構造と、音のつらなりとしての外的・現象的な相、つまり現実に発話され、知覚される表層構造より成る。

(2) 深層構造を構成する基本命題は、単純な主語と述語をもった主語－述語形式でできている。

(3)　文が表現する思想を伝える深層構造から現実に文を産み出すには、文の諸項目を並べなおし、置きかえ、あるいは消去する変形規則を適用しなければならない。

(4)　深層構造を生成する基底体系は、基底にある文法的関係を抽象的な順序で生成する基底規則より成り、基底規則は新しい命題を導入することによって、有限の手段の無限の使用を可能にする反復機構を含んでいる。

(5)　文法構造の一般的特徴は、あらゆる言語に共通であり、精神のある根本的特性を反映している。あらゆる人間の言語の形式を規定している普遍的条件の研究が、一般理性文法であり、そのような普遍的条件は学習されるものではなく、むしろ逆に言語学習を可能にする生得的な組織原理である。

このようなチョムスキーのポール・ロワイヤル文法の読解には、我田引水的な読み込みとみられる点があるが、一七世紀の哲学的文法の理念に照してみれば、かならずしもあやまりとはいえない。むしろポール・ロワイヤル文法の潜在的可能性を展開することによって、チョムスキーはポール・ロワイヤル文法の著者自身が気づかなかった骨格を明瞭に照し出したといえよう。

さらにポール・ロワイヤル文法が、文の手前にある、あるいは文に潜在する判断と、文についての判断ないし叙述についてのべていることにも、注意しなければならない。ポール・ロワイヤル文法によれば、われわれの思考の主な様式である断定《アフィルマシオン》(断言)をあらわすのが動詞である。

そこで動詞 affirmo（私は断言する）の場合には、すべての動詞に潜在する断定《アフィルマシオン》と語の明示的な意味として表面にあらわされた断言《アフィルマシオン》とが二重化されるので、まちがいを起こしやすい。心に思い抱かれたかぎりでの断言も affirmo の場合のように動詞の述辞になりうるので、この動詞は二つの断定をあらわす。一方はそれを語る話し手に関し、他方は話し手自身であれ（affirmo）、他人であれ（affirmat）、話題になっている人物に関している。たとえば Petrus affirmat.（ペトルスは断言する）では、affirmat は est affirmans と同じであり、そのときの est は私の断定、つまり私がペトルスについてなす判断をあらわし、affirmans は私がペトルスがするものとして私が心に思い描くペトルスの断言をあらわすのである。

ここではすべての判断に潜在する非反省的・非措定的な統合としての断定（否定も同じように否定と断定とを含んでいる）のレベルと、判断に明示的にあらわされたかぎりでの措定的な断定のレベルがはっきり区別されている。この潜在的な断定についてポール・ロワイヤル文法の著者が反省し、語るとき、最初の潜在的な断定は判断のうちに措定的に明示される。具体的な発話とそれについて語る文章の問題は、ポール・ロワイヤル文法では不定法あるいは que や si をもちいた間接話法の問題として取りあげられているにすぎないが、ここには言語の階層性や自己回帰性（メタ言語の問題）の自覚へ向かうきざしがみとめられるといえよう。

これは意識構造の問題によく似ている。デカルトの「思考《パンセ》」pensée は、広義では、疑い

douter，理解し concevoir ou entendre，肯定し affirmer，否定し nier，欲し vouloir，想像し imaginer，感覚する sentir ことのすべてを意味している。しかし狭義では、つまり厳密な意味では、精神のみの洞察 seulement une inspection de l'esprit，すなわち私が見ると思考する je pense voir さいの思考 penser を意味する。この純粋の思考 pensée は、今日のことばでいえば、疑い、理解し、肯定（否定）し、欲し、想像し、感覚する意識（サルトルの用語でいえば、非措定的・非反省的意識 conscience non-positionnelle et irréfléchie）に近い。純粋意識とメタ意識の問題も、この意識構造と言語構造の把握のうちにすでにあらわれているのである。

もの＝記号について

しかし記号学にとってより興味があるのは、『ポール・ロワイヤルの論理学』である。それは記号《シーニュ》をつぎのように定義する。われわれがある対象をそれ自身において、その固有の存在において考察する場合、われわれがその対象についてもつ観念は、ものの観念である。しかし対象をもっぱら他の何かを表象するものとみなせば、われわれはその対象について記号の観念をもつ。したがって記号は二つの観念を含んでいる。一つは表象する《ルプレザンタン》ものの観念であり、もう一つは表象される《ルプレザンテ》ものの観念である。記号の本質は前者によって後者を喚起するところにある。記号のこの二側面は、ソシュールによって言語記号の二側面として、またその後の記号学によって、より拡張された意味で記号の二側面として指摘された意味するもの《シニフィアン》（意味作用面）と意味されるもの《シニフィエ》（意味内容面）に相当する。〈表象するもの《ルプレザンタン》〉は記号の物的・形態的側面であり、〈表象されるもの《ルプレザンテ》〉は意味的側面である。

ついでポール・ロワイヤル論理学は記号を三つの二元対立に分類する。

第一の二元対立は、表象するものと表象されるものの関係が確実である記号と蓋然的である記号である。呼吸が動物の生命のしるし《シーニュ》であるというのは前者であり、顔の青白さが婦人の妊娠のしるしであるというのは後者である。大部分のまちがった判断は、この二種の記号を混同し、ある結果が他のもろもろの原因からも生じうるのに、したがってこの原因の蓋然的な記号にすぎないのに、その結果をある特定の原因のせいにするところから生ずる。

第二に、ものと〔直接〕むすびついた記号と、ものから分離した記号がある。前者は、心の動きのしるしである顔つきが、それが意味する心の動きとむすびついているというような場合である。病気のしるしである症候も、この病気とむすびついている（これらはほぼ徴候《サンプトーム》と呼ばれているものにあたる）。さらに比喩的な例をあげれば、箱舟は、この時代の真の教会であったノアとその子供たちにむすびついている。また物質的な教会は、しばしば信徒とむすびつき、鳩は聖霊とむすびつき、洗礼の灌水は、霊的生殖の象徴として精神的生まれかわりとむすびついている（これらはほぼ象徴《サンボル》にあたる）。後者の例をあげれば、旧約の神の定めにある犠牲は、犠牲になったイエス・キリストのしるしであるが、この場合、表象は、それが表象しているものから分離している。

第三に、人間の恣意によらない自然的な記号と、制度や制定による記号――記号とそれがあらわすものが何か遠い関係をもつにしろ、まったくもたないにしろ――がある。鏡に映った像は、像が示すものの自然的な記号であるのにたいして、語は思考をあらわす制度的な記号であり、文字は語をあらわす制度的な記号である。

この三つの分類のうち、第二、第三の分類は、とくに非言語的な記号学にとって重要であるが、ポール・ロワイヤル論理学は、第二類の記号についてつぎのように考察している。

第一に記号が現前するからといって、記号があらわすものが現前するとはいえない。現前しないものの記号があるからである。また逆に記号が現前する場合に、記号によってあらわされるものが不在であるともいえない。現前するものの記号があるからである。これは最初にのべられた記号の定義との関連でいえば、記号性は自己以外の何かをあらわす(部分が自己自身を含む全体を指示する場合も含めて)点にあるのであって、記号があらわすものが現前しているか否か(現前しないものをあらわす場合が多いとはいえ)が問題なのではないことを示している。

第二に記号は表象するものと表象されるものの区別を必要とするので、ある状態にあるものが、同じ状態においてそれ自身の記号であることはできないが、ある状態にあるものが、別の状態にある自己を表象することは可能である。つまりものとしては同じであっても、状態のちがいがあれば、自己以外のものを表示するという記号性が、同じもののなかで成立するわけである。

これはとくに現代芸術との関連で興味深い。作品の自己批評性は、このような構造を前提にしているのであろう。パフォーマンスもそうである。それは現実の行為でありつつ、それを批評する記号でもある。逆にある美術家は、〈もの〉がまさに〈もの〉であることを提示する。たとえば画廊空間に石がおいてあるとして、われわれが「記号＝石」を見る習慣をもっているのにたいして、〈もの＝石〉を提示する。これは記号「石」を消すという操作であるから、記号化する装置（仕掛け）を消去する脱記号の装置というパラドックスをはらんでいる。

第三に、一つの同じものが、他のものを同時にかくしたり、露わしたりすることがありうる。というのも最初にのべたように、同じものがものであると同時に記号でもありうるので、ある記号は記号として開示するものを、ものとしてかくすことがある。たとえば熱い灰は、ものとしては火をかくしているが、記号としては火を露わしている。あるいは天使が仮にとるさまざまの姿は、ものとしては天使をかくすが、記号としては天使を示している。また聖体のシンボル（パンとぶどう酒）は、ものとしてはイエス・キリストの身体（肉と血）をかくしているが、シンボルとしてはそれを露わしている。同じことが「もの派」や「レディ・メイド」の相互隠蔽のたわむれについてもいえよう。

これは言語記号の場合にももちろん成立する。われわれが外国語(たとえばアラビア語)の文字や発音をきくとき、文字は模様のように見えるし、発音はただの音としてしか聞こえない。ところが外国語を習得するにつれて文字言語や音声言語のもの的な面は背後にしりぞいてゆき、ほとんど意味だけを意識するようになる。ところが歌や書ではふたたびもの的側面が重要になり、意味にかかわらない変化としての非言語学的要素が、言語における非言語的(非概念的)コミュニケーションにおいて重要な役割をはたすのである。さらに非言語的な記号の場合には、聖体としてのパンのように、ものとしてもそれ自体が食べることができるという非記号的・実用的意味をもっているので、ものの性と記号性は強い背反性を維持しながら、単なるものとしての意味にも記号的意味にも還元しえない独特の意味を生みだすことができる。ものとしての意味と記号としての意味が、二重化したり、両義的なアマルガムをつくりだしたり、二つの意味のあいだの無限の折返し運動をさそいだしたりすることによって、もの=記号《メッサージュ・オブジェ》は、多義的なまた重層的な意味世界を表現することを可能にする。これはとくに芸術にとって重要な意味をもつであろう。

記号の第四の特徴としてポール・ロワイヤル論理学は、つぎの点を指摘する。記号の本質は、表徴する《フィギュラン》ものの観念によって感覚のうちに、表徴される《フィギュレ》ものの観念をひきおこすところにあるので、この効果が持続し、この二重の観念が喚起されるかぎり、表徴するものがその固有の性質をもったものとして滅びるとしても、記号は存続する。たとえば神が二度と大洪水によって人類を滅ぼしはしないだろうというしるしとして空に浮べた虹の色が、実在の、真実の虹の色であるかどうかは問題ではない。われわれの感覚がいつも同じ印象をうけ、この印象によって神の約束を思い浮べさえすれば、記号として存続しているのである。また聖餐のパンが〔最後の晩餐のときのパンの〕固有の性質のままに存続するどうかも重要ではない。キリストの肉体がどんなふうにわれわれの魂の糧となるか、キリスト教徒がどのようにしてたがいに同胞としてむすばれるかを、われわれに思い抱かせるようなパンのイメージをわれわれの感覚のうちにつねにひき起こすかぎり、聖餐のパンは記号としてありつづけるのである。

これはややわかりにくい表現であるが、記号物は、記号関係の同一性においてはたらくのであって、ものとしての同一性においてはたらくのではないことを意味している。したがって記号物はものの固有性においてはことなっていても、記号としては無限に再生可能であり、反覆可能なのである。一回かぎりの出来事や行為と、出来事を物語ること（歴史）や行為を演ずること（模倣）とのちがいがここから由来するといえよう。

子供は同じ話をくりかえし聞くことを喜ぶし、大人も歌舞伎や古典劇のように筋を熟知していても楽しむ。ものの固有性から関係の同一性に移ったとき、ドキュメンタリーでさえ、くりかえし可能な虚構となる。これは古くは、アリストテレスが人はなぜ模倣を喜ぶのか、という観点から悲劇を論じたのと同じ問題である。

二次的意味作用について

ポール・ロワイヤル論理学の記号学にたいするもう一つの寄与は、第一次的な直接的意味のほかに、第二次的な間接的意味を指摘したことである。さきにとりあげたのは、もの＝記号がもつ意味作用の二重性——ものとしての意味作用と記号として意味作用の二重性であったが、ここでとりあげるのは、記号としての直接的な意味作用と含蓄的な意味作用の二重性である。つまり、文があらわす字義どおりの意味と実質的意味の二義性といってもよい。この二義性は非言語的な記号複合についてもさまざまの形でみられるのである。

ポール・ロワイヤル論理学はこれを複合語について指摘し、まず複合語を〈表現における複合語〉と〈意味の上でのみの複合語〉に分ける。

〈表現における複合語〉は付加語が表にあらわれている場合で、「慎重な男」「フィリップの息子であるアレクサンドル」「理性を授けられた動物である人間」「フランス王ルイ一四世」などがそうである。

これにたいして〈意味の上でのみの複合語〉は、フランスで単に「王」というときのように、付加語が表にあらわれず、ただ暗に了解されているという場合である。というのは、当時のフランス人が「王」という語を発音したときには、この語に対応する単なる一般概念を心に浮べるだけではなく、当時のフランス王であるルイ一四世の観念を心に浮べるからである。この語はみかけは単一語であるにもかかわらず、実際は〈意味における複合語〉である。このような仕方で複合している〈意味における複合語〉の例は、各家庭での「旦那様《ムッシュー》」のように、日常会話には無数にみられる。

なかにはあるものにたいしては〈表現における複合〉であり、他のものにたいしては〈意味における複合〉であるような二重性をもったことばがある。「哲学者の王」というのは、「王」という語と「哲学者」という語によって限定されているから〈表現における複合〉であるが、教会付属の学院では(後には一般的にも)この表現によってアリストテレスのことを指すから、一面では〈意味における複合〉でもある。というのもアリストテレスの観念は、心のうちにあるだけであって、とくにそれをはっきりさせるいかなる音によっても表現されてはいないからである。

このような二重性はあやまりや誤解の源となる。「哲学者の王」にみられるように、これらの複合語が意味する対象は、じっさいはただ一つの個体に限定されていながら、ある多義的な普遍性ともいうべきものを保持している。人々は、こうした複合語が、ある唯一のもののみを意味していることでは意見が一致しているが、この唯一のものがほんとうは何であるかをよくみわけられないので、同一の語がさまざまの対象に適用されることになる。「哲学者の王」がどのような主体であるかについての人々の意見はさまざまであるから、この性質をさまざまの個人にあたえることができ、それにふさわしいと思える人物をこの名で呼ぶことになるだろう。そこでかつてはプラトンが「哲学者の王」と呼ばれ、いまではアリストテレスがそう呼ばれる。また「真の宗教」は真理においてはカトリックを意味している。しかしそれぞれの民族、それぞれの宗派は、自分の宗教が真の宗教であると信じているので、この語が人々の口にのぼると、あやまりからとはいえ大変意味があいまいとなる。ある歴史家の記述のなかで、ある王が真の宗教の熱烈な信者であった、という文章を読んだとしても、この歴史家がどんな宗教を奉じていたかを知らなければ、「真の宗教」によってその歴史家が何を理解していたかはわからない。歴史家がプロテスタントであれば、プロテスタントの宗教を意味したであろうし、マホメット教のアラブ人であれば、マホメット教を意味したであろう。この歴史家がカトリックであるということを知らなければ、真の宗教がカトリックのことであるとは判断できない。この種の複合語が本当は何を意味するかを正確に知るためには、それが語られる状況や話しのつづき具合において限定されなければならない。これを敷衍すればさきほどのもの＝記号についても同じことがいえるであろう。キリスト教圏以外では、天使は不思議な怪獣にすぎず、パンは単なるパンにすぎないであろう。

　こうした複合語のあいまいさの源がどこにあるかについて、ポール・ロワイヤル論理学は、これらの語が、表現にはっきりあらわれた形にしろ、表現としてあらわれず単に意味の上で了解されているにしろ、なんらかの特質を示す伴示詞《コノタティフ》を含むことに注意を向けている。そして伴示詞は、直接に、しかしよりばくぜんと基体を示し、間接に、しかしより判明に形式ないし様態を示すという。したがってこの基体は、ある時は存在の、あるときは物体のきわめて一般的な、ばくぜんとした観念にすぎず、普通はそれにむすびついた形式や様態についての判明な観念によって限定されている。これらの語は、その基体がばくぜんとした状態にとどまっているかぎりあいまいではない。また判明で不変の形式や様態のせいであいまいさが生れるわけでもない。しかし精神はしばしばこのばくぜんとした基体のかわりに、判然とした形式と様態があてはまる、判然とした限定された基体をもってくるからこそ、あいまいさが生れるのである。人間はこの基体についてことなった見解をもっているので、この性質を多種多様な人物にあたえることができる。「哲学者の王」という語は、この観念を判明に知られたいかなる個人にも適用しなければ、決してあいまいではない。「真の宗教」という語も、いかなる特定の宗教の判然とした観念ともむすびつかず、ばくぜんとした基体の観念にとどまっていれば、少しもあいまいではない。それは単に真の宗教を意味するにすぎないのだから。しかし精神が「哲学者の王」の観念を特定の個人(たとえばアリストテレス)にむすびつけ、「真の宗教」の観念を判然と知られたある特定の宗教(たとえばカトリック)の判然とした観念にむすびつけたとき、この語はきわめてあいまいになる。それぞれの個人や民族の口にかかると、かれらが「哲学者の王」や「真の宗教」とみなす人物や宗教が随意に意味されるのである。

ポール・ロワイヤル論理学がここで考察しているのは、複合語であり、複合語の使用において生ずるあいまいさとそこから生れる誤解ないし誤謬の問題であるが、あいまいさは多義的な意味の発生の問題であるから、記号のもつ意味の重層性について重要な示唆をあたえる。ポール・ロワイヤル論理学が指摘したのは、一、表層の字義どおりの意味と、表層に表現されていない暗黙の真の意味があること（後者は無意識の下層の意味——「真の宗教」の場合は、プロテスタンティズムや異端とされたキリスト教的神秘主義その他の異教の排除——と意識的な上層の意味——カトリック——を区別することができる）。二、この二重の意味は、伴示詞《コノタテイフ》がもつばくぜんとした基体の指定と、判然とした様態の指定という二重の意味作用の間隙から生れるあいまいさを利用している。判然とした様態の指定があたえるみかけの限定が、状況によって特定され、実質的限定となる。この伴示的意味はしたがって状況依存的（広告のように）であり、しばしばイデオロギー的性格をおびる（映画『民族の祭典』のように）のはこのためである。三、文についていえば、文は明示的な事態の指示（デノタシオン）のほかにしばしば伴示的な事態の指示（コノタシオン）を含んでいる。後者は語り手によっても、受け手によってもかならずしも明瞭に自覚されるとはかぎらないが、状況のなかで特定の事態に限定されるとき（沢山のフォルクスワーゲンの写真の下につけられたかつての有名なキャプション「フォルクスワーゲンはモデルチェンジをいたしません」のように）、伴示的表現《コノタシオン》として自覚される。以上の点は、非言語的記号（たとえばもの＝記号)やなんらかの統一をもった非言語的な記号複合(たとえば芸術作品や儀式)についてもいえるであろう。そしてバルトがコノタシオンを将来の記号学のもっとも重要なテーマと考えたのは周知のとおりである。

3 思想のアルファベット

結合術と普遍言語

ポール・ロワイヤルの一般理性文法は、第二部の冒頭で、人間がわずか二五ないし三〇の音で無限に多様な語をつくりだし、われわれの考えをあらわすというすばらしい発明について語っているが、若年のライプニッツを刺激したのも同じ驚きであった。言語の場合と同じように、「人間の思想のアルファベット」をみいだせば、そうした基本観念の組み合わせによって、あらゆる観念を派生させることができるであろう、とライプニッツは考えた。あらゆる真理は、概念を分析することによってみいだされる少数の単純な真理から演繹できるし、あらゆる観念は、分解すれば、定義できない少数の原初的観念に還元される。したがってあらゆる思想の真の要素であるこれらの単純観念を枚挙し、確実な手順でそれらを組み合わせれば、順次あらゆる複合観念を手にすることができるはずである。

その基本としてまずライプニッツが考えたのは、主語があたえられれば、そのあらゆる可能な述語をみいだし、述語があたえられれば、そのあらゆる可能な主語をみいだすこと、つまり主語としてであれ、述語としてであれ、ある概念が示すあらゆる真なる命題をみいだすことである。そして命題は、主語と述語の組み合わせであるから、問題は組み合わせの問題、つまり結合術の問題に帰する。

ライプニッツはこの結合術を発見の論理学に適用する。まずあらゆる概念を分析し、定義する。つまりより単純な概念の組み合わせに還元する。こうしていくつかの絶対に単純で定義不可能な、それ以上還元できない概念に到達するであろう。この概念が第一次の項であり、第一次クラスを構成する。それぞれの項はなんらかの記号、たとえば数字で示すことができるであろう。一次項の組み合わせにより二次項の概念が作られ、第二次クラスを構成する。以下同じであり、おのおのの複合項は、単純項の組み合わせであるから、対応する数の積によって表現され、それは同時に複合概念の定義でもある。もちろん因子となる単純項がことなった仕方で組み合わされると、一つの同じ語がいくつかの表現をとることができるが、これらの多様な表現が等価であること、つまり表現された項の同一性をたしかめるには、その表現を単純項に分解して、当の項の根源的な定義をみいだせばよい。

これはもちろんそれほど単純ではなく、組み合わせ(関係の仕方)そのものがもつ論理的意味を分析しなければならないが、ライプニッツがめざしたのは、表層の表現がもつ真の論理的意味を発見するために、それを表層からたどりうるようにする深層分析の手順である。これは表層構造がことなっていて、深層構造が同じ(あるいはその逆)である場合を指摘するチョムスキーのシンタックス構造の分析や、表面的には多様な物語をもつ神話が、個々の要素ではなく、要素が関係し合う仕方をみれば、基本的に共通の構造をもっていることを指摘するレヴィ=ストロースの神話分析と、基本的な志向の点で共通しているということができよう。ライプニッツがめざした結合術は、このようにすでにある命題を証明する判断の術であると同時に、結合によって新らしい命題をみちびきだす発見の術でもあった。

ライプニッツのうちには、人工的・恣意的で自由な記号をもちいて記号計算をしようとする志向と万人に近づきやすい自然的な記号をもちいて自然言語を合理化し、普遍化しようとする志向がみられ、この両面がライプニッツにさまざまの記号と記号一般についての反省をうながした。クーチュラは『ライプニッツの論理学』で、ライプニッツが考えた記号法の展開をあとづけているが、ライプニッツは、最初から論理代数の形で記号法を考えていたわけではなく、まず普遍言語の形で考えようとした。普遍的な国際語をつくる研究はすでに試みられていたが、ライプニッツはそれらを批判しながら、単に実用的関心から普遍言語を考えるのではなく、普遍言語に哲学的・論理学的基礎をあたえようとした。当時の普遍言語の試みは、多くはまだ現代の電信信号や外交暗号のたぐいで、語と数の対応は、まったく人工的・恣意的であった。ライプニッツはこれらの試みにたいし、デカルトとほぼ同様の批判を下している。

しかしかれは、普遍言語を構築するのに、真の哲学の完成を待たなければならないとは考えなかった。さきにあげたデカルトの『メルセンヌへの手紙』の写しの余白に、ライプニッツは、この言語が真の哲学に依存しているとしても、その完成に依存しているわけではない、と記している。人間の科学が成長するにつれて、この言語も成長するであろう。両者の発展は相関的であり、その間この言語はわれわれが知をもちい、われわれに欠けているものを知って、その知に到達する方法を考えだすための――なかでも推論に依存する論争を終らせるためのすばらしい助けとなるだろう。そのとき推論することは、計算することと同じことになるだろう、とライプニッツはいう。

ライプニッツが夢みた普遍言語は、概念の完全な分析と単純項への還元という論理的な基礎にもとづいているので、学びやすく、覚えやすい言語である。それは基本観念の数だけの、できるかぎり自然な記号《サンボル》で構成された一種の表意記号的なアルファベットであり、複合概念や派生概念は、この単純要素を示す記号の組み合わせによってあらわされる。単純観念はわずかの数であるから、この記号を暗記すれば、普遍言語で書かれたものを読み、理解するのは、辞書なしで十分だろう。ライプニッツはウィルキンスやダルガーノの普遍言語の試みを評価したが、それらが学問のためより実用のためであることに不満をもち、単純要素をあらわす記号の組み合わせによって概念を構成する（したがって複合観念とその記号《サンボル》との関係が規約的ではなく、自然的であるような）真の現実的記号《カラクテール・レエル》を考えようとした。

この現実的記号は、ちょうどエジプト文字や漢字や錬金術者のカバラ記号のように、語をあらわすのではなく、事物（あるいはむしろ観念）を直接あらわす表意記号法《イデオグラフィ》であり、どの民族の人々もそれを読み、各国語に翻訳することができる。おのおのの記号は独自の規約的な名前をつけることができるから、書字《エクリチュール》であると同時に言語でもある。つまりこの書字はさまざまの国語で読むことができる。

このようにライプニッツは、まず普遍言語を普遍的記号法と同一視し、一種の思考の代数学である言語を夢みていた。すべての概念は単純観念の組み合わせであり、概念の構成は素数の結合と類比的であるから、素数が単純観念のシンボルとされ、数の積が概念の組み合わせのシンボルとされた。

しかしまもなくライプニッツは、問題が最初考えていたほど単純でもなければ、容易でもないことに気づき、純粋に規則的な普遍言語をアプリオリに一挙につくりだすのではなく、自然言語を改造するという、より恣意的でないアポステリオリな方法を採用する。すなわち出発点としては生きた現実の言語をもちい、論理的分析によって、一方では結合の基礎となる単純観念を抽出し、他方ではさまざまの国語の文法を単純化し、統制し、基礎づけることによって、絶対に規則的で例外のない合理的文法を抽出しようとする。ライプニッツの試みる単純化・合理化と普遍化は論理的な分析にもとづいているので、言語の各要素とその構成についての根本的な反省をともなっている。

その態度は言語を記述する以前に、言語の本質的特性を反省しようとする理性論的言語学者の態度の原型である。ライプニッツが自然言語の合理化によって、普遍的な理想言語の文法をめざしたのにたいして、言語学者は、チョムスキーの巧みな定義のように、国語を話す国民《ネイティブ・スピーカー》に受け入れられる文をすべて生成し、受け入れられない文を生成しないような、自然言語に内在する文法を確定しようとする点で根本的にことなっている。

さらにライプニッツは、現実的記号それ自身のうちに単に観念の表象として役立つものと、数字の記号のように、推論に役立つものを区別し、後者を普遍的記号法にとって重要な記号と考えた。普遍的記号法は、推論や証明を算数や代数のように計算によって行なうことを可能にするはずだからである。後者の方向に重点をおいて研究を推しすすめてゆけば、当然人工的な理想言語による論理計算の考え方に到達する。じっさいライプニッツの普遍的記号法の一面は、のちに記号論理学として結実したといえよう。

関係の対応——記号論理学《シンボリック・ロジック》とサンボリスム

さきにのべたようにライプニッツは、人間の思想を分析して、究極的要素としての思想のアルファベットを発見し、アルファベットの可能的結合を数学的に計算することによって、あらゆる認識を演繹的に導出しようとした。もしこれが実現されれば、非経験的な合理的諸学のみならず、経験的諸学をもふくむ公理体系としての百科学が構成されるであろう。この理想を実現することはできなかったが、このような計画をすすめるためには、さまざまの学問の実質的な内容にかかわりなく、それらの学問に共通の秩序を説明する普遍的な記号法が必要になる。これは記号そのものにたいする反省をみちびくであろう。ライプニッツは『対話』『観念とは何か』『一般的記号法について』『自然学の基礎』などのなかで、くりかえし記号の問題を論じている。

記号とそれがあらわすものの関係をもっとも明瞭に示すのは、前者が後者の模像であり、両者のあいだに相似の関係があるような記号である。手型、熊の足跡、肖像画には明瞭な相似がある。「円の図形は円とある相似があり」、その関係は一目瞭然であって、そのかぎり「もっとも有用な記号《カラクテール》である」。ライプニッツは、記号はなるべく自然的であるのがのぞましいと考え、像を思い描くことができる感覚的な事物については、像《イマージュ》がもっともよい記号だという。こうした事物の本性にもとづく表現は、記号とそれが意味するものとのあいだに相似性があり、恣意的ではない。つまり実質的・内容的なつながりがある。

しかし大きな円と小さな円、地形と地図、人物と肖像画は、似てはいるけれども、大小のちがいや立体と平面のちがいがある。円とそれを投影した楕円では、さらに相似性が失なわれるであろう。しかし円の上の各点は、一定の法則にしたがって楕円上の各点に対応している。つまり記号はかならずしも刻印《インプレッション》としての模像である必要はない。相似である記号も決して相等ではない。むしろ円と楕円のように類比的な関係をもった表出《エクスプレッション》であることが記号の本質である。そして「あるものを表出するということは、表出される事物の関係(性状)に対応する関係(性状)が表出のうちにあるということ」にほかならない。したがって、表出のうちにある諸関係を考察すれば、それに対応する表出される事物の諸特性を知ることができる。機械の模型は機械そのものを表出し、平面上の投影図は立体を表出し、演説は思想と真理を表出し、数記号は数を、代数方程式は円やその他の図形を表出する。これらの前者(記号)を考察することによって、われわれは後者(事物)を把握することができる。この場合あとの例になるほど、記号と事物の関係は有縁的、相似的、模像的ではなく、無縁的、類比的、表出的になるであろう。記号は事物とのあいだに一定の類比関係を保っていれば十分なのである。

具体的にいえば数としての一〇と数字としての「一〇」、無と「0」、線とその記号としての「a」、果物のリンゴと記号としての「リンゴ」の場合、記号の一次的な要素とそれがあらわす事物のあいだには相似性やその他の実質的・内容的なつながりはない。両者の関係は多分に恣意的であり、動機づけられていない。しかしこのような場合も記号が巧みにつくられていれば、事物のなかにあるなんらかの関係や秩序が記号のうちにもある。lux（光）と fero（運ぶ）は記号の第一次要素においては、それがあらわすものと似ていないが、複合詞の lucifer（明けの明星）がこれらの二つの語にたいする関係は、lucifer によって意味されるものが、lux と fero によって意味される物や事態にたいする関係に対応している。

手型や肖像画のように、対象と似ている記号の場合には、対象との関係は任意ではないから、それだけが独立していても記号性をもつことができるが、言語や数学の記号のように対象と相似性をもたない任意の記号の場合には、恣意性を拘束する社会的な規約と、記号相互の関係によってつくりだされる秩序が、なんらかの形で事態の秩序と類比的であり、適合していることが必要になる。じっさい言語や数学的な記号のように、記号を推論にもちいうるとすれば、記号群のうちには、事物の秩序に適合するある種の複合した相互関係ないし秩序が存在するはずである。このような関係や秩序は、個々の単語のうちにはないとしても、単語の組み合わせや語形変化のうちに存在する。いいかえれば個々の記号の成り立ちは恣意的であるとしても、記号の使用と結合は任意ではない。

真理は記号のうちにある恣意的な要素にあるのではなく、不変の要素、すなわち記号群の事物にたいする関係にあるのである。というのも、記号と事物のあいだは一定の類比があり、同じ事物を表出することなった記号は、たがいに一定の関係をもっている。たとえば、十進法を使っても、十二進法を使っても、同じように問題をとくことができるであろう。このようにことなった仕方で計算した結果を穀物の計量など、数えることのできる事物にあてはめてみれば、答えはつねに同じになる。つまり類比ないし関係が真理の基礎であり、われわれが、どの記号群を使おうと、それらの結果は、たがいに同一であるか、等値であるか、類比的に対応しているかのいずれかである。これは逆にいえばある事態をことなった記号体系(十進法や十二進法、日本語や英語)であらわすことができるし、また内容的にことなった事態を同じ記号体系であらわすことができる(物理的事象とともに経済的事象を数学的に処理できる)ということを意味する。

ライプニッツはこのように記号性を〈類比的な対応〉にみいだすことによって、一般的記号学の基礎をおいたといえよう。かれは恣意的・人為的な記号の重要性を強調したが、相似的な記号を無視したわけではなく、一方では個々の語自身が事物に適合していればなおいいと考えた。そもそも相似的な記号と狭い意味で類比的な記号とは、まったくことなったものではない。さきほどのべたように相似的な記号にあっても、記号とそれが意味するものとは決して相等ではない。熊の足は凸型であり、地面に残った足跡は凹型である。人物は立体であるが、肖像画は平面である。動機づけをもっている(有縁的)といっても、同じ対象についてどのような仕方で動機づけられた模像を採用するかは自由である。また恣意的な記号もライプニッツが指摘するように、完全に任意というわけではない。ある数をどのような記号であらわすかは任意であるが、数系列や数の結合関係と、数記号の系列や数記号の結合関係のあいだには一定の秩序があり、関係の対応ないし構造の対応がある。

どのような記号であっても、その記号体系の規則にのっとって配列され、かつ有意味である記号群をとってみれば、それが意味する対象群とのあいだに一定の秩序ないし関係の対応をみいだすことができるであろう。相似的な記号の場合には、その秩序の対応が、記号相互の関係構造だけではなく、記号そのものの内部構造にまでおよんでいる場合と考えることができる。言語は多分に恣意性の強い記号であるが、詩の言語にみられるように、また言霊説が生まれたように、言語とそれが意味する対象との関係は、完全に任意とはいいきれない動機づけられたつながりをのこしている。

こうして記号の原理が関係の対応にあるとすれば、記号関係は、内容的に同種のもののあいだのみならず、内容的に異質なもののあいだにも成立するであろう。数学はそのような形式的記号学であるが、数量的でない質的な形式的記号学（論理学はその一端をになうにすぎない）も可能であり、ここに普遍的記号法によって、ライプニッツが、たがいに異質な諸学を統一する普遍学を夢みた根拠がある。それはかれの政治的統一、学問的統一の理念とも結びついていた。普遍学あるいは百科学の理念は実現されなかったが、二〇世紀の統一科学運動や諸言語の根底にある普遍文法を探究する試みが、一七、八世紀の普遍学の理念の継承であることはあきらかであろう。

普遍的記号法の構想は、第一に人工言語による論理計算の考え方の発展として記号論理学を生み、第二に、自然言語のアポステリオリな反省にもとづく普遍言語と理性文法の考え方の展開として、一方でエスペラントをはじめとする国際語の構想を生み、他方では自然言語の普遍的構造の分析にもとづくヨーロッパ構造主義言語学や生成文法を生みだす発条となる。また第三に、記号一般の考察は、言語外の記号をも扱う一般記号学の先駆となり、バルトやレヴィ＝ストロースの構造主義的分析を生むであろう。さらに存在と記号、存在と存在のあいだの類比的対応の考え方は、第四にボードレールが「万物照応《コレスポンダンス》」で歌ったように、象徴の森として世界をとらえる芸術上のサンボリスムを支える哲学的基盤となる。

このように理性論的記号論を尖鋭に推しすすめたライプニッツの記号論は、〈論理計算〉へとつながる論理主義的傾向とともに、ロマン主義を介して〈サンボリスム〉へとつながる「感覚をとおしての超越」という側面をもち、また意識的な精神のはたらきや知覚のみならず、無意識的な微小知覚をも、世界を表出するはたらきとしてみとめる視点をもっていた。ライプニッツにおいては、これらの一見矛盾する側面は、表出的記号論によって統合され、それを支えていたのが類比《アナロギア》の論理である。

類比を基本にした記号論は、一対一対応の記号のみならず、一対多対応の記号をも基礎づけることができる。関係の対応は、同型的対応ばかりでなく、反転的対応や、心理的歪力の加わったヴェクトル場を介する比喩的な、あるいは超現実主義的な対応をも可能にするであろう。芸術的表現は、月並みでない意想外の対応によって新鮮な表現を生みだすが、ただ意想外であればよいというわけではない。そこにおいては、概念的な正確さはもちろん要求されないが、的確な表現をもとめて芸術家は模索するのであり、的確な表現をみいだしたとき、表現がきまったという(説明的ではない)関係の対応の適切さの感覚がえられるのである。

　このように論理的表現から、芸術的表現までを包含し、さまざまの種類の、しばしば相反する性格をもった、ことなったレベルの表出作用を基礎づけるライプニッツの類比の論理は、その基礎にある存在論的な類比の思想によって、現実への適合性を保証されていた。もし現代の数学や論理学が存在論的な類比の哲学を捨てたとすれば、それらが現実に適合する可能性の根拠をあきらかにしなければならないだろう。ピアジェは〝操作〟という概念でそれを説明しようとしたが、十分成功したとはいえない。数学者や論理学者は、ピアジェの試みを嘲笑した。しかし嘲笑以上の何ものもつけ加えなかったのである。

　ライプニッツの普遍的記号法は、単なる記号法にとどまるものでも、記号と存在の類比関係の主張にとどまるものでもない。ライプニッツは、出来事の結果の全体は原因の全体をあらわしており、われわれはつねに、ある結果の知識からその原因の知識へとさかのぼることができるという。実験によって仕事をすすめるアポステリオリな仮説的方法は、大部分、類比に依拠しているのである。また身ぶりと話しのように、同じ原因から生じたもろもろの結果がたがいに他方を表出することもある。だから耳の聞えない人は、音によってではなく、口の動きによって相手の話しを理解する。人の行為はその人の精神をあらわし、世界それ自身はある仕方で神をあらわすというように、事態そのものが他の事態を表出するのである。

つまり記号とそれが意味するものとのあいだの秩序の対応ないし類比は、究極的には存在と存在との存在論的類比によって基礎づけられる。存在そのものが表出という表現的性格をもつのである。究極的な個体(単子《モナド》)は、それぞれ独立であり、個別的でありながら、明瞭さのちがいはあれ、世界の全体を表出する。そのかぎり個は多を直接に含むことはできないが、対応的に含んでおり、それは記号的表出において認識され、表現される。これはまさにサンボリスムの存在論といえよう。

これは一面では、パースペクティヴの思想という開かれた側面をもっていたが、モナド論と予定調和の神学によって、かれは体系の全体を閉じ、完結させるのである。現在さまざまの形で全体論《ホーリズム》が見直され、ホロンという概念が重視されるが、それらは暗に予定調和の神学を前提し、また要請していることに注意しなければならない。ホーリズム自体、自分が何を前提し、あるいは要請しているかを反省しなければならないのである。

心情の言語と心情の記号

これまでとり上げてきた言語論と記号論は理性論的色彩の強いものである。それらは、一、言語や記号の共時的構造をとらえようとする。二、その構造は合理的な体系《システム》をなしているものとしてとらえられる。三、言語ないし記号の単位は、それが意味する事象から独立しており、両者の関係は恣意的であることが強調される。あるいはさまざまの記号のうち恣意的な記号が重要視される。四、言語や記号を主として理論的認識との関係に重点をおいて考察する。この点はカッシーラーが指摘しているように経験論の言語論においても大したちがいはみられない。

これにたいして新しい展開がみられるのは、一八世紀の中葉、啓蒙主義者の言語論をとおしてであった。そこでは、一、言語や記号が通時的発展のなかでとらえられる。つまり言語や記号をその発生と展開のなかでとらえる言語起源論が関心のまととなる。二、したがって合理的体系の面よりは、自然的・実践的生成の面が強調される。そこで言語の形成過程にあらわれる前言語的な、あるいは言語と共存する身ぶり言語その他の非言語的記号への関心が生まれる。三、発生論的な見方をとる結果、言語や記号の自然性、指示対象や意味対象と記号との動機づけられた密接な関係が指摘され、類縁的記号から恣意的記号への進展がたどられる。四、言語や記号の第一義的なはたらきは、理論的認識のための思弁的なはたらきにあるのではなく、自然な欲求や情念を表現する実践的なはたらきにあるとされる。

　ポール・ロワイヤルの一般理性文法は、認識し、判断し、推論するわれわれの精神のはたらきのうち、第二の判断の作用を文法が考察すべき基本の作用と考える。というのはわれわれは認識することを単にあらわすために話すことはほとんどなく、話すのは、認識したことについての判断の延長にすぎないからである。言いあらわされた判断は命題と呼ばれるが、命題は人がそれについて断言する対象である主部と、断言の内容である述部と、両者をむすぶ繋部より成る。つまり命題は主辞―繋辞―述辞の形式をとる。ところがこうした構文の自然な秩序が乱されることがあり、それが文の綾《フィギュール》と呼ばれるものである。これには話しのなかの語の性・数の一致を破って、考えていることに一致する意味的一致《シレプス》、話しから何かを削除する省略法《エリプス》、必要以上の語を使う冗語法《プレオナスム》、話しの自然の順序を逆転する倒置法《イペルバト》の四つがある。しかしフランス語はとくに明晰さを愛し、できるかぎりもっとも自然な、もっとも困難の少ない順序でものごとをあらわそうとするから、フランス語ほど文の綾をもちいることの少ない言語はないという。

　ここには文の綾をもたない文こそ自然な秩序にそった命題であるという論理主義がある。中川久定氏は「一八世紀フランスの言語論―コンディヤック―ディドロ、ルソー」で、まさにこの論理主義こそが一八世紀中葉の言語論が、倒置論を中心にして問題にした点であることを指摘している。もし言語を人間の欲求や情念の動きにそった実践的・倫理的表現としてみれば、倒置をはじめとするいわゆる文の綾《フィギュール》は、自然の順序であり、自然の構文だからである。

ポール・ロワイヤル文法の考え方からすれば、われわれの精神のなかで起っている深層の判断形式は、自然な順序をもつ正置文と同じ形式をもち、変形によって文の綾《フィギュール》としての倒置文が作られるということになるだろう。両者は論理的には同じ意味をもつのである。しかし論理的意味は意味の一部にすぎないのだから、このような判断論的＝統辞論的な深層構造をかりにみとめるとしても、さらにその深層に変形のはたらき方を動機づける意味形成論的な構造をみとめなければならないだろう。その場合、統辞的な深層構造はかならずしも正置文の形式である必要はなく、文形式以前の抽象的な構造をもっているということになる。また逆に実践的に自然な順序による発話という考え方をとれば、正置文も倒置文も、その言語の統辞法の歴史と発話の状況によってもたらされた自然の順序でありうる。それにたいして熟慮のうえ語順をかえ、省略法や冗語法をとるのは、高次の伴示的意味作用《コノタシオン》を考慮したレトリックの問題といえるだろう。つまり自然の順序による前意識的な文の綾《フィギュール》と、人工的・意識的なレトリックとしての文の綾《フィギュール》があるわけだ。

言語の起源にたいする関心は、当然言語以前の叫び声や自然の発声と身ぶり言語にたいする関心を呼びさます。これらはデカルトが自然的動作として言語から排除したものだが、言語の起源に関心をいだいた一八世紀中葉の言語哲学にとっては、それがデカルトがいう意味での真の言語の条件をみたしているかどうかが問題ではなく（もちろんみたしているとは考えなかった）、前者から後者への発展が問題であり、それらが真の言語ではないとしても、それらの非言語的記号がもつ、直接的な表現力に注目したのである。人間の自然な表現の秩序は、ポール・ロワイヤル文法が考えたように論理的判断の秩序ではなく、むしろ第一義的には自然な欲求と情念の秩序であるとかれらは考えた。

このようにことばのうちにある非言語学的要素や非言語的記号が想像力を喚起する表現力の豊かさを重視したことは、フランス啓蒙主義の哲学者の言語論が、すでにロマンチシズムの言語論と表現論を用意していたことを示している。その推移を典型的に示しているのがルソーの場合であろう。ルソーは、コンディヤックが『人間認識起源論』で展開した言語発達論をほぼ踏襲して、「自然の叫び声」――「抑揚をました音声と身ぶり」――「音声の分節化」――「一語文から品詞の形成へ」という展開を考えている(『人間不平等起源論』)。人間の最初の言語である叫び声は、危険や苦痛にさいして切迫した状況のもとで発せられるから、(普遍性の性格はことなるが、論理的言語と同じく)もっとも普遍的であるとともに、(論理的言語とちがって)もっとも精力的な表現力をもっている。これは緊急の場合にのみ発せられる特殊な言語にすぎない。しかし人々の観念が拡がり、増加しはじめて、人々のあいだに、より密接な交わりが行なわれるようになると、目に見える動くものは身ぶりによって、耳に聞えるものは抑揚をゆたかにした模倣音によって表現されるようになる。

そしてやがて音声の分節化によって分節言語が成立する。しかしこの置きかえは共同の合意によらなければならない。したがって分節言語とそれが意味するものとの関係は、自然的普遍性ではなく、規約による普遍性であり、直接的な自然的つながりによるのではなく、間接的な任意のつながりであるから、叫び声や身ぶりがもっていた直接的な表現力は弱められる。

しかもコンディヤックが考えたように、言語のはじまりが欲求の満足を動機としているとすれば、欲求を伝えることをもっとも必要とするのは、母親に依存して生きてゆく子供である。したがって子供が使う言語は、大部分子供自身が作ったものであり、それは個人言語に近い普遍性をもたないものになるはずである。これにたいしてルソーは、人々を近づけ、むすびつけるのは、欲求よりはむしろ情念であるという。飢えや渇きのような欲求が、生きてゆくために人々をはなればなれにさせるのにたいして、愛や憎しみや憐れみや怒りは、人々をたがいにかかわり合わせ、最初の声を出させる(『言語起源論』)。人がしゃべるようになる動機は情念からだから、人間の最初の言語は、むしろ比喩的《フィギュラティフ》であった。綾《フィギュール》をもった言語活動(詩)がはじめにあり、理性的に語るようになるのは、後になってからだとかれは考える。

もっとも力強い言語においては、語る前にしるし《シーニュ》がすべてを語ってしまう。古代人は、ことばによってではなく、眼に見えるしるしによっていきいきと表現し、語るのではなく、示したのである。このようにルソーは、力強い野生的な表現力をしるしにみとめるが、同時に心を感動させ、情念をもえ上らせる、より深い表現力はことばのものであるという。深く悲しむ人を見るよりも、その人が感じていることを聞くとき、われわれはいっそう感動する。パントマイムにたいしては平静でも、ことばによる表現は私に涙をもよおさせる。しかしここでルソーがいう「ことば」は、論理的表現としてのことばではなく、表情をもったことばである。

「情念にはその身ぶりがあるが、またその声の調子《アクサン》をもっている。われわれを身ぶるいさせ、われわれの感覚器官をそれからのがれようもなくとらえるこの調子は、心の奥底まで入りこむ。そしてわれわれの意志とは無関係に、その声の調子をひき起こしている心の動きをわれわれの心の奥底にもたらし、われわれが〔知的に〕理解することをわれわれに感じさせるのである。」ここではルソーは、ことばの力を、ことばの調子《アクサン》とむすびついた旋律としての音楽との類比で考えている。旋律のなかの音はたんなる音としてではなく、われわれの愛情や感情の記号としてわれわれにはたらきかける。音はメロディが表現する心の動きをわれわれのうちにひき起こし、われわれはそのイメージをメロディのうちに認識するのである。ことばの調子と旋律は、感覚器官にのがれようのない感応をひき起こし、それが心の感応的同調をまねくことによって、言われたことの概念的内容のみではなく、心情を含めた真意を感じさせるといえよう。

ところが文明の光が拡がるにつれて、言語はより正確に、より明快になり、より文法的に完成されるが、その反面、情念を失い、単調な冷たいことばとなってゆく。もはや心情に語りかけることはなく、理性に語りかける。これはルソーの近代文明批判につながり、公共の権力による強制が、説得にとってかわる抑圧的な統治形態への政治批判にむすびつくのである。管理の重要な一端をになうコンピュータ言語が、論理的ではあるが、レトリックをもたないことを考えれば、これは現代にもつながる問題であることがわかるだろう。

このようなルソーの言語・記号論は、ドイツ・ロマン主義の言語論へとつながる。そしてメルロ＝ポンティの言語論がこの線上にあることはあきらかであろう。じっさいことばをその発生の根源までさかのぼり、ひとつの真の身ぶりとしてとらえる考え方、ことばの情動的意味を重視し、ことばの形の恣意性を（もちろん全面的にではないが）否定する点にもそれはあらわれている。しかしかれは構造主義的探究を早くから評価したように、構造の概念を理性論的・論理主義的な一面的把握から解放し、情動のはたらきを含めた実存の全体構造のうちに言語を位置づけようとしたのである。

他方ドイツ系では、ヘルダー、フンボルトをへて、言語を中心に科学から神話・宗教・芸術・歴史などを象徴機能の一つとしてとらえるカッシーラーの『象徴形式の哲学』によって、理性論的およびロマン主義的な言語・記号論は、一つの統合にもたらされる。（なおさきにライプニッツに関連してのべたサンボリスムの芸術は、ロマン主義の延長線上にあり、デカルト派を標榜するチョムスキーの『デカルト派言語学』のなかばは、ロマン主義言語論に多くの頁をついやしていることにも注意すべきだろう。今日では単純に両者を対立させることは意味を失いつつある。）

言語的コミュニケーションが、非言語的な身ぶりその他の記号との非連続性と連続性の問題を無視しえないように、非言語的コミュニケーションは、記号と非記号のはざまにある非連続性と連続性の問題をみのがすことができない。徴候《サンプトーム》やもの＝記号《メッサージュ・オブジェ》の問題もその一つである。しかしそれ以前の意味作用はどうだろうか。さきにふれたように、デカルトは「自然によって設定された信号」（『世界論』）という考え方をもっていた。「この信号〔光〕は、それ自体としては光の感覚に似たものは、何ももっていないにもかかわらず、われわれに光の感覚を起こさせる」ということがありえないとはいえない。デカルトは「焔や太陽のなかにあって、光の名で呼ばれるものと、眼を介してわれわれの想像力のうちに形成されるそれ〔光の名で呼ばれるもの〕についての感覚とのあいだには、ちがいがありうる」のであり、むしろ両者が似ているというのは、うたがわしいと考える。

この不連続観は、説明の順序は逆であるが、ある意味で大森荘蔵氏の「重ね描き」説と似ている。ふつうわれわれは記号の物的現象面（シニフィアン）を知覚して、その意味面（シニフィエ）を把握するのだが、デカルトのいう信号（シニフィアン）は、感覚によってはとらえられないのであり、感覚によってとらえられるのは、その信号が意味するもの（シニフィエ）としての光の感覚のみである。したがってデカルトのいう信号作用は、ふつうの記号作用とはことなっている。それはむしろ記号作用の前提にあって感覚を可能にする、自然によって設定された原＝意味作用ともいうべきものについての仮説である。

それではなぜそのような仮説を立てるのかといえば、不連続観を持ちながら、デカルトはその不連続を何らかの説明によってつなぎたかったのであろう。かれによれば、「光」が、それ自体に似ていないシニフィエとしての「光の感覚」をわれわれにあたえるのは、いわば生のためである。自然は、われわれの外にある物体が、われわれに益をもたらすか、害をもたらすか、何が都合のよいものであり、何が有害であるかを教えるために感覚をあたえる。つまりわれわれに苦痛の感覚をひき起こすものを避け、快感をあたえるものの方向に向かうようにさせるである（『省察』『哲学原理』）。ここでは意味《シニフィエ》されるものであった感覚が意味《シニフィアン》するものとなって、生体にとっての価値を意味《シニフィエ》されるものとしてあたえるという意味作用が発生する。ところがこの感覚が意味するものは、自然の対象そのものには似ていないというのだから、デカルトの感覚記号説は二次的レベル（ふつういう意味では一次的レベル）で成立する記号作用以前の意味作用である。

ベルクソンが「われわれの知覚は、ものそのもののデッサンをあたえるというよりは、むしろものにたいするわれわれの可能的な行動のデッサンをあたえる」（『創造的進化』）というとき、かれはものそのものの把握についての方法論では、デカルトとまったくことなっているが、この点ではデカルトの二次的レベルの感覚記号説を受けついでいる。ベルクソンにとっても感覚（ベルクソンの用語では知覚）は、行動に有用な価値を意味《シニフィエ》されるものとしてあたえる一種の記号である。ただ同時に別のところ（『物質と記憶』）では、ベルクソンは感覚に知覚的側面と感情的側面の両面があることを指摘しているから、感覚は行動的価値と感情的価値の両者を意味《シニフィエ》されるものとしてあたえるということになる。

さきにのべたように、言語以外の記号や今とり上げたような意味発生の問題に、〈シニフィアン－シニフィエ〉の概念を適用することには問題があるが、問題の構造をはっきりさせるには役立つだろう。記号学がコミュニケーションの記号学のみならず、意味作用《シニフィカシオン》の記号学をもみとめるとすれば、デカルトやベルクソンの考え方にたいする賛否は別として、記号作用を基礎づけるこうした原＝意味作用のレベルをも考慮せざるをえないであろう。

論理実証主義者風にいえば、これはまったくのファンタジーであり、「形而上学」であり、ナンセンス命題である。ところが人間は、カントも手を焼いた「理性」（もちろんカントのいう意味での）のせいか何か知らないが、存在論とか、コスモロジーを考えざるをえない過剰をもってしまった。くりかえしこうした物語を作っては、こわしてきたのである。物語を絶対化することなく、より深く生をとらえ、豊かにするために、われわれは物語を創り出してきたといえよう。

そこまで話を拡げないとしても、コミュニケーション自体、それを具体的な伝達の場で考えるかぎり、伝達を意図する記号作用のほかに、かならずしも意図的ではない準＝記号的な意味作用を随伴し、むしろその方が真のコミュニケーションを可能にしている場合がある。非言語的コミュニケーションの大半は、無意識的・非意図的であり、意図的コミュニケーションを補助したり、裏切ったりする。非言語的コミュニケーションを含み、さらに前章でのべたように、多かれ少なかれこのような非意図的な非言語的コミュニケーションは、ふつうは記号として意識することができない非記号的な身体的相互作用のレベルをも統合しているのである。もちろんこれは記号学の直接の対象ではないが、そのような相互作用が、記号的コミュニケーションが開示しないレベルでの実存のかかわりを示唆するとすれば、コミュニケーション論はそれを無視することができないであろう（第Ⅲ章第3節参照）。

Ⅲ　〈中間者〉の認識論のために

われわれの認識は、体験に直接与えられたものから出発する、とさしあたっていえるだろう。知覚や想像や情動をとおしてわれわれは世界をとらえ、行動する。これは同時に（主題としてではないが）自己をとらえることでもある。この同時に起こる事態は、ともに反省以前の出来事であるが、反省によって世界とのかかわりそのものが把握される。そのときかかわりの両項として、〈対象〉と〈自己〉が析出する。

このような媒介されない認識を〈直接的認識〉と呼ぶことにする。もし直観を感性的直観を含めた広い意味にとるなら、直接的認識のかわりに直観的認識と呼んでもかまわない。言語をはじめとする記号を媒介しない知的直観がどこまで可能か、その境界はあいまいであるが、感性的直観をこえ、しかも媒介されない認識としての知的直観を考えるなら、これも直接的認識のうちに含まれる。

さしあたってここでは神秘的直観にはふれない。不幸にして私自身はそのような直観をもったことはないが、そのような直観にも門戸を閉さないでおこう。興味深いことは、神秘的直観をもつと思われる人が、自分のもつ直観ないし能力を必ずしも神秘的とは考えていないことである。

このような直観もまた直接的認識である。

他方知性的認識の重要な部分が、記号や言語を媒介とする分別的・合理的推論として発達したことはいうまでもない。近代思想の展開やなかんずく近代科学の発展は、このような意味での知性的認識に大きく依存している。それによってわれわれは直接体験をこえる世界を把握し、また構築したのである。この認識は、どこかで直接的認識を出発点として前提するとはいえ、そのプロセス自体は、直接的認識に依存しない推論である。これを狭義の〈間接的認識〉と呼ぶことにする。ただこれが分別的・合理的推論にかぎられるかどうかは問題である。非分別的・癒合的推論もまたわれわれの間接的認識において大きな役割を演じているのである（『〈身〉の構造』青土社、第II章第2節参照）。

狭義の間接的認識もそうであったが、われわれの多くの認識は、記号や機械を媒介とし、他者の眼（認識）を媒介にした認識である。これを広義の間接的認識と呼ぶことにしよう。間接的認識は、つぎのような問題を提起する。

(1)　それはいうまでもなく人間の認識能力と行動能力を拡大する。認識が行動のためであり、両者はともに世界とかかわって生きる世界内存在としての人間の存在仕方をあらわしているとすれば、これは同時に世界とかかわる仕方の拡大である。見る能力をはじめとする五感の能力、考える能力、操作し行動する能力の拡大は、人間がかかわることのできる世界の拡大でもある。

そこで二つの考え方が出てくる。一つは、われわれが世界とかかわる能力の拡大につれて、世界の新しい構造があらわれ、究極の構造に近づくという考え方である。〈世界内存在〉としての人間は、究極の構造のなかで、かかわりの能力に応じてその一部を照し出し、選びとり、〈世界〉を構築する存在である。認識の目標は究極的全体としての構造(大文字の「真理」)をとらえることである。全体の認識を目標とし、可能であると考える点ではこの種の理論は、科学であれ、哲学であれ、暗に「神の眼」、つまり神学を前提しているといえよう。

しかし自分が今〈神の眼〉をとおして認識しているかどうかを保証するものはない。エクスタシスは恣意的な思い込みかもしれない。ベルクソンが神秘主義の諸段階について描写しているように、神秘的認識もまたわれわれの認識であるかぎり、漸進的であり、中間的なのである。

ところでテイヤール・ド・シャルダンは、われわれのとらえている世界が、人間の大きさを中間として、マクロの方向へも、ミクロの方向へも、一〇のプラス二五乗の大きさと一〇のマイナス二〇乗の大きさにまで広がっていることを指摘した上で、これは遠近法的な効果なのだろうか、われわれの視力は、マクロの方向にも、ミクロの方向にも、同じ距離だけしかとどかないのだろうか、という奇妙な問いかけをしている。このいささか偽科学的な数の遊びが、まったく無意味ではないとすれば、われわれは、われわれの日常的尺度が通用する中間的領域の中間的認識から出発して、間接的認識により、かかわる世界をマクロの方向にも、ミクロの方向にも、ひとしく拡大すること、そしてかかわりが日常的尺度をこえる臨界点（限界ではない）があり、そこでは世界の姿も、かかわりの性質も質的に変化することを示している。かかわりと世界の構造は、いっそう密接にからまり合い、かかわりを離れて客観的に在る構造を語ることはますます無意味になる。

そこでもう一つの考え方が可能になる。構造とはかかわりにおいて生成するという考え方である。認識もまたかかわりの一形態にほかならない。さまざまのかかわりにおいてさまざまの構造が生成し、構造の構造が生成するが、かかわり（人間のかかわりのみを意味するのではない）をはなれた究極的な構造があるわけではない。かかわりの構造が複雑化するに応じて、かかわる世界も複雑化する。世界は現実的かかわりと潜在的かかわり、そしてさらに可能的かかわりからなる〈錯綜体〉なのである。そしてかかわりの質がことなるのに応じて、世界の構造も非連続となる。これを一元尺度に還元することは、異質性をもった現実の構造を無視することになるだろう。

(2) 間接的認識は、われわれに直接与えられるものが、すでに媒介されたものであり、意識されないレベルにおいて、意識されない自己や他者によって、また社会的・歴史的な文化によって拘束されていることをあきらかにする。したがって先入見がはたらかないようにする還元（要素主義的な還元ではなく、現象学のいう意味での還元）の第一歩は判断中止《エポケー》ないしカッコ入れであるとしても、エポケーのあとにみいだされる意味ないし本質をさらに拘束するものを明らかにするには、諸学の媒介による間接的認識によらなければならない。その意味では、還元には終りがないのである。

(3) われわれが言語を含んだ記号、道具をはじめとする機械、他者と自己がともに構成する制度、といった仲だちをとおして世界とかかわるということは、世界そのものが仲だちされた間接的世界になっていることを意味する。それは裸の世界にかぶせられた衣ではない。「神の眼」を前提するのではないかぎり、そもそも裸の世界とは何だろう。かりに「神の眼」を前提したとしても、原理的にわれわれは神の眼になりえないかぎり、事態は変らない。おおいをとって真理をあきらかにすることが問題ではなく、暗に人間の構造によって制約された、いわゆる裸の世界と、そのパースペクティヴを拡大する仲だちされた世界がわかちがたく編み合わされた世界が問題なのだということを知らなければならない。間接的認識論は間接的存在論とでもいうべきものを呼びよせるのである。

これは不可知論ではない。不可知論は、大文字の「裸の真理」を前提しているのだから。

1 直接的認識の方法

われわれは認識の方法などという大げさなことをいわなくても、直観的に多くのことを知っている。たとえば音と色はちがうことを知っていて、それをまちがえることはまずありえない。「Aは黒、Eは白、Iは赤……」(ランボー)という母音と色の共感覚の現象にしたところで、AやEやIの音と、黒や白や赤の色を区別できなければ、このようにいうことさえできない。さらに母音のなかでもA、E、I、U、Oを区別し、色についても黒と白と赤と緑と青を区別している。とすれば、われわれは音の本質と色の本質、音や色のなかでも、A、E、I、U、Oの音や黒、白、赤、緑、青の色の本質的なちがいを知っているわけだ。

だからといって、それでは音と色の本質とは何か、Aの音とEの音の本質的なちがいは何か、を書いてみなさいといわれれば困るだろう。あわてて昔習った音や色についての物理学的な説明を想い出そうとしたり、母音AとEを発音するときの口の形をしてみたり、耳をふさげば音は聞えず、目をとじれば色は見えないことを指摘したりする。それらはもちろん無関係ではない。しかし音や色についての物理学的説明を知らなくても音と色は区別できるし、口の形を連想してAとEの音を聞き分けているわけでもない。また耳をふさいでもピアノ曲の一節を想い浮べ、目をとじてもリンゴの色をイメージすることはできる。

こうした説明はひとまず考慮しないで、音や色そのものに注意を集中した方がいいのではないだろうか。つまり〈説明〉というものを否定するわけではないが、さしあたり「カッコに入れ」、その真偽については「判断を中止し《エポケー》」、音や色の把握にそれらが「作用しない」ようにするのである。それでもなお音が音であり、色が色であるとすれば、この音や色のあらわれ〈現象〉そのもののうちに音や色の本質があるといえよう。このようにして現象そのものをとり出すことをフッサールは〈現象学的還元〉（狭義）と呼んだ。このさい〈現象〉するものが実在するかどうかは、さしあたって問われない（実在しないというのではもちろんない）。デカルトの「方法的懐疑」の精神も本来そのはずである。

現象としての音や色をとり出したあとでは、われわれがすでに知っているその本質をあきらかにしなければならない。われわれはそれをすでに知っているのだから、推論する必要はない。本質は直観されるはずである。この〈本質直観〉はなんら神秘的な直観ではなく、不完全な形ではあるが、われわれが日常実践している手順である。

音の本質というのは、音にはつねにそなわっていて、それをとりのぞけばもはや音ではなくなるようなものである。それこそが音を他のものから区別する。それをとり出すには、ヴァイオリンの音や人の声やロケットの発射音など、さまざまの音の類例を聞いてみて、それぞれの音に固有の特殊な偶然的要素をとりのぞき、音の種類を変えてもいつでも音にそなわっている不変的要素をとり出せばよい。そのためにはさまざまの音の類例を聞いてみなければならない。これが類例の〈自由変更〉である。しかしさまざまの種類の音をじっさいに聞くことはむずかしい。昔爆弾の破裂音を聞いたことがあるとしても、今じっさいに聞くことは容易ではない。それに必要なのは、〈現象〉としての音であって、その実在性は問う必要はないのだから、想像され、想起された音の例でもいいことになる。だから〈自由変更〉の大部分は〈想像変更〉によって行われる。

音の類例をつぎつぎ変更しながら、重ね合わせてゆけば、音のうちの不変的要素はつねに互いに合致するはずである。その結果、音の本質は、たえず変化する偶然的要素としての〈地〉から、変化しない〈図〉として浮き出すであろう。それを直観するのが〈本質直観〉である。したがってそれは、われわれが日常無意識に不完全な形で行なっている認識とことなった性質をもつわけではない。また本質直観は、神秘的なものの本質を直観することはあるだろうが、それ自体が説明不可能な神秘的直観というわけではない。

だからといってほとんど無作為に音の類例を想像変更しながら、注意を集中していればいいというわけでもない。偶然的要素を分離するには、特殊と疑われる要素を想像の上でのぞき去ってみなければならない。もしそれを分離しても、音として成立するなら偶然的要素であり、成立しないなら本質であるか、あるいは少なくとも本質的要素を含み、それとからまり合っているのである。また暫定的に(というのはすべての類例を枚挙するわけにはゆかないし、類例の数と本質直観の的確さはかならずしも比例しないから)これまでの音の類例に共通し、互に合致する本質とみられるものが浮かび上ってきたら、それが音から分離できるかどうかを試してみなければならない。分離できるなら偶然的要素にすぎないし、分離不可能なら、音の本質であるか、本質を含んでいるのである。音の本質を確定するには、さらに分離可能なほかの偶然的要素が含まれていないかどうかを、想像上の解体によって確かめてみなければならない。

つまり音の本質は、音のすべての類例に共通する不変的要素であり、それは音から分離不可能である。分離可能なものは、音に含まれる偶然的要素か、音ではない他のものである。不変的要素の同一性すなわち分離不可能性の直観は、音に含まれる偶然的要素と音ではない他のもの(たとえば色)の分離可能性の直観と裏腹であり、いずれにせよ本質直観の基本は分離である。この操作はじっさいは微妙であり、後でふれるように、もっと類似した事例の本質直観について見る方が適切であろう。

本質直観は、あるものの本質を確定するために、そのたぐいのものの事例を自由に想像変更する。ここからあきらかになるのは、第一に、想像変更の基本は〈同類変更〉だということである。多くの場合、本質を確定しようとするものの類例をあげることは簡単だと考えられている。つまりそれと他のものとの区別(たとえば音と色の区別)は自明だと考えられているから、あまり注意をひかないが、そもそも当のもの(たとえば音)を主題として立てるとき、他のもの(たとえば色)をそれから分離する〈異類変更〉が暗に行われている。

この区別はあまりにも自明と考えられている(いわゆる自然的態度の一種)から注意をひかないだけである。とくに知覚と想像力のように、類似したもの(知覚像と想像上の像はきわめてよく似ている）の本質を直観する場合には、同類変更だけでは足りない。異類変更が本質直観を左右するのであり、自覚的に、つまり方法的に異類変更を試みなければならない。知覚と想像力については、一方では判断や推理、他方では想起や幻覚や夢が、異類変更の重要なテーマとなるだろう（サルトルの想像力、知覚、幻覚、夢の分析を参照）。

しかし幻覚や夢は、リアリティとの関係で、ことなった本質をもつものとしてあらわれるのではないだろうか。幻覚が知覚と相像力の境界例としてあらわれるとすれば、われわれがリアリティをどのようなものとしてとらえるかによって、知覚と想像力と幻覚の本質も微妙にことなりうるのである。その意味では本質直観そのものが、文化に拘束されているといえるかもしれない。われわれのいう幻覚を異常とはみなさない文化があり、夢を真のリアリティと考える文化がある。

つまり第二に、想像変更は文化が枠を与える自明性に拘束されているのであり、われわれが考えているほど自由ではないということを自覚しなければならない。われわれの文化の前提になっている自明性が崩壊する境界領域（たとえば精神病や異文化）の類例を自由に想像することは、きわめて困難である。「意識に直接与えられているもの」を拘束する自明性の枠をあきらかにし、それを解体するには、逆説的ながら諸科学の媒介をへなければならない（第3節参照）。

同類変更も異類変更もわれわれが日常行なっている認識過程を意識化し、方法化したものである。ただ日常の場合は、自分の意志によって能動的に自由変更を行なったとしても、それほど徹底しないし、浮かび上ってくる不変的要素に十分注意をはたらかせているわけでもない。自由変更自体、意志的に行われるというよりは、受動的につぎつぎ体験を重ねることによって、あるときハッと浮き出してきた本質的なものに気づくことの方が多いだろう。

能動的変更による〈能動的直観〉は、多くの場合、当のものの中核としての本質をめざす〈中心的直観〉である。それにたいして受動的変更による〈受動的直観〉は、当のものの中核へと自動的に集中することもあるが、そもそも自覚的ではなく、焦点もはっきりしていないから、どちらかといえば漠然とした〈周縁的直観〉である。それが逆説的に中核にある本質を受動的に浮かび上らせる。たまたま周縁を考えていたとき、突然中心が今までとらえていたのとはちがった形であらわれるのを体験することがあるように、〈受動的直観〉においては、ときとして自明性の枠をつきくずすような受動的綜合が起こることがある。

そのときしばしばみられるのは、これまで異質とみられていた現象が、意識されないレベルでむすびつく〈癒合〉である(「癒合的直観」については、前掲『〈身〉の構造』参照)。フロイトの自由連想をはじめ、心理診断や治療に用いられるロールシャハ・テスト、TAT、バウム・テスト、箱庭療法などは、むしろこのような癒合による〈受動的綜合〉をみちびき出す手法といえよう。サイコ・ドラマは、意図としては、受動的綜合と能動的綜合がロール・プレイイングをとおして統合されることをねらっている。

〈癒合的直観〉が方法として自覚的に用いられる場合は、同型的あるいは同質的な事例よりは、むしろ異型的・異質的な事例を自由に変更する異類変更が用いられる。それによってことなった事例のあいだにある形式的あるいは内容的な共通性を浮かび上らせる。ブレーン・ストーミングは、異類変更のための意図的な準備体操といえよう。異類変更による癒合的直観は、われわれが暗黙のうちに共有している自明性の枠を動揺させ、別な形態化の可能性をさぐるのである。こうして新しい形態化がみいだされたあとでは、その本質的なものを確定するために、分離的な本質直観が用いられる。

〈癒合的直観〉において、自明の形態化を流動化し、別な形態化へとさそうのが、われわれの関心や注意の〈中心移動〉による〈構造変換〉ないし〈位層転換〉である。これについては別のところでとり上げたので（『精神としての身体』勁草書房）、くわしくはのべないが、構造変換は、同一レベルで行われるゲシュタルト・チェンジであり、〈位層転換〉は、知覚レベルから行動レベルへ、またそれら両者から記号を用いた理論レベルへの転換のように、ことなったレベルへの構造変換である。

われわれが完成見本の与えられていない巨大なジグソー・パズルを組み立てている場合を想像してみれば、これはわれわれが現実に向かっている場合にたどるプロセスに似ていることに気づくだろう。われわれは形態化しようとする構造をたえず流動化して、構造変換し、理論モデルへと位置転換しては、また現実の水準へともどって現実を再分節化する。そして現実の抵抗に出会ってはふたたびモデルを組みかえるであろう。この現実の抵抗は、ただちに裸の唯一の真理があることを示すわけではない。現実全体の構造はつねに開かれており、構造化やモデル化とともに、またそれに応じて生成するのである。

これまでのべてきた直観は、時間のなかで行われるとはいえ、とくに時間的というわけではない。そこでとらえられる本質は、無時間的あるいは超時間的とはいえないにしても、いつどこでも成立しうるという意味で遍時間的な本質である。もちろん歴史的真理のように、ある時代や状況に限定された領域的本質もあるだろう。それは本質が成立する枠が限定されたというだけで、その枠内の不変的・必然的要素を直観するという手法ないし本質概念そのものには、さほど変りはない。

しかしもし現実の構造そのものが生成であり、持続だとすれば、生成的・持続的な本質の直観もありうるのではないだろうか。じっさいベルクソンは、そのような直観は可能だと考える。というよりベルクソンにとって、現実は持続である以上、直観は本来〈持続的直観〉なのである。プルーストが『失われた時をもとめて』で描いた特権的瞬間は、回顧的詠嘆ではなく、持続する現実の本質直観だといえよう。持続的直観は、持続のうちに身をおき、さまざまの外面的説明や外面的時間区分をカッコに入れて、最大限の過去が現在と相互浸透するにまかせ、そこにあらわれる持続的本質を直観する。この相互浸透において作用するのは、時間的構造変換とでもいうべきものによる持続的本質へのゲシュタルト・チェンジである。

もっとも瞬間的な場面から考えてみよう。ベルクソンの〈意識に直接与えられたもの〉は、フッサールの〈現象〉にきわめてよく似ている。フッサールは、〈事象そのものへ〉をモットーとしたが、ベルクソンもわれわれが、知らず知らず習慣化したものの見方の枠組をとおして見ていることを指摘する。この枠組をはずすには、思考のはたらきの習慣的な方向を逆転しなければならない。後天的に身につけたものの見方をひとまずとりのぞいて、原初の単純さへと還元されたものごとに問いかけなければならない。したがってベルクソンにとっても〈ありのまま〉は、素朴な自然的態度で見ることではない。時間のなかで先入見が形づくられる以前への還元を必要とする。

これを〈発生状態への還元〉と名づけることにしよう。この〈発生状態〉ないし〈野生状態〉からものごとが始まる。つまり〈意識に直接与えられたもの〉もまた持続と展開のなかにある。たとえば花を見るとしよう。われわれ、とくに幼児は、花のうちにある目立った性質や類似しているというぼんやりした感じ、つまり〈中間〉から出発する。個別なちがいがあっても、それがわれわれのうちに同じような反応を喚びさまし、同じような効果を与えれば、同じものとして認識される。幼児が同じ印象を与えるものにたいして、大人にとっては違うものであっても、同じ名前を与えることはよく知られている。

「花」のもつ一般性も個別性も、表象されるより前に感じられ、生きられている。この漠然とした感じは、知的に把握された一般性(花一般)でもなければ、はっきり感じとられた個別性(ほかならぬこの花)でもない。感じられ、体験され、対象にたいする同じような反応として自動的に演じられる類似性にすぎない。そこから一方では知性による反省的分析が、ぼんやりとした類似の感じを純化して「花」という一般観念を生み、他方では記憶とむすびついた偏向(好みや嫌悪)が、「ほかならぬこの花」の個別性をきわ立たせる。一般性も個別性も、原初にある、ぼんやりした中間的認識から分岐するのである。

それでは持続的直観は、個の意識の持続をこえることができるだろうか。ベルクソンは、現実が持続であるかぎり個の持続をこえることができると考える。たとえば持続の相のもとにわれわれの知性を直観すれば、知性と分離した領域としての本能ではなく、知性に今なお浸透している本能的なものをとらえることができるであろう。そして知性がまだ本能と分化せず、両者がそのはたらきを展開するためには、共存不可能となる臨界点以前にまで持続的直観をさかのぼらせてみよう。そうすれば、われわれは、知性と本能が未分化のままだ単に二つの傾向として含まれていた始原の状態を垣間見ることができるだろう。

そのうえで現在の知性にいたる持続に共感的に同一化する努力をしてみよう。そのとき知性は、今あるものとはことなったものへとゲシュタルト・チェンジする可能性を内蔵したものとして直観されるであろう。こうして歴史的・社会的な始まりへとさかのぼる場合は、〈始原への還元〉と名づけることにしよう(ただしこれは唯一の始原を意味しているわけではない)。ベルクソンは宗教の起原についても、人格的性質を分けもってはいるが、まだ人格とはいえない中間的なものから、より人格的な神々(宗教の方向)と非人格的な力(魔術の方向)が分岐する経過をたどっている。ベルクソンが〈超－知性〉ともいうべきものを未来に想定するのは、その持続的直観にもとづいてである(『ベルクソン』人類の知的遺産59、講談社、参照)。とはいえ持続的直観の方法は、あまりに未開拓である。ここでは一つ課題として記しておくにとどめる。

2　知性的認識の形成──間接的認識(1)

関係としての認識

認識は自己組織的なシステムが他のシステムとかかわる仕方(関係)の一形態である。関係をこえた認識がありうるだろうか。たとえば人間にとって〈仲だち〉を含めた身のシステムのあり方やはたらき方をこえた認識が可能だろうか。神の眼をとおしての認識というのはその願望である。しかし関係はなんらかの共有の場のなかで成立する相互限定である。これは外の視点から複数のものを共通の場におき、それらを関係づける外面的関係についてもいえるが、意識をはじめ下意識的な世界とのかかわりを含めた指向的存在〈〈身〉〉が、事象とかかわる指向的関係については、いっそう真実であろう。われわれが世界内存在であるかぎり、身によって世界が、世界との関係によって身が、相互に限定される。定義がそうであるように、そもそも認識は限定だといえよう。

ベルクソンは、感覚も本能も知性も、認識のためのものではなく、行動のためのものであると考えた。本能は、事象を外からとらえるのではなく、一種の共感的一致ともいうべきものによって、それを内面からとらえる。その点、本能は認識ともいえぬほど生命過程に密着しており、ある意味で事象の本質をとらえている。しかしそれは共感的関係によって本能的行動を触発する一定の事象にたいしてしかはたらかない。本能は種に固有の行動によって限定された認識なのである。

知性もまた行動のためのものであり、ことに物質にはたらきかけ、支配することをめざしている。そこで知性は、物質とのかかわりのなかで、物質を操作するはたらきに即して形づくられる。そのかぎり知性もまた行動によって限定されている。ただ知性は、特定の事象にたいする特定の有効な行動に適合した認識ではなく、内容は空虚な関係的・形式的認識である。逆にいえばそれだからこそさまざまのことなった事象に適用することができる。つまり知性は行動のために発生したとしても、その対象は限定されていないから、直接役に立たない事象にたいしても適用可能である。

その意味で知性は本能をこえる。そのうえ知性のうちには、知性が本能と分岐する以前の衝動のいくらかが残っているはずである。そこでベルクソンは、本能的共感によって対象と内面的に一致しつつ、自己自身を反省し、しかも本能のように適用対象が限定されない超‐知性ともいうべきものを考える。ベルクソンはこれを晩年のかれ独得の用法で〈直観〉と呼ぶが、この直観も、事象との共感的関係によって限定されている。相互に限定されることがないというのは、無関係ということである。無関係をも関係の一形態として分類することはできようが、真に無関係であれば、認識は成立しないであろう。

今のべたように認識は、身のシステムとシステム外のものとの交渉によってあるいは身のシステムがそれ自身に折りかえすことによって成立する。したがって認識は、一部は生得的な、一部は後天的な身のはたらきの構造によって制約されている（ここでいう認識は、知性的認識ばかりではなく、非知性的な認識をも含めている。われわれの生において、感情的あるいは直観的な世界把握や他者把握が大きな位置を占めていることはいうまでもない）。

第一に、認識は身のシステムの形態的特性によって制約される。不定形であるか、放射状であるか、環状であるか、円筒形であるか、足があるかないかによって、空間の認識はすっかりちがったものになるだろう。「本能は器官の構造的延長にすぎない」あるいは「本能は器官の論理である」（ピアジェ）といわれるように、とくに本能的に行動する動物にあっては、形態的特性は、はたらきの構造を左右することによって、身のシステムと環境とのかかわり方を大きく規定する。

しかし身のはたらきには、形態に還元しきれないはたらき独自の構造がある。したがって認識は第二に、身のシステムのはたらきの構造によって制約される。人間はまだ立行に十分適した形態になっていないといわれるが、他の要件をのぞいても、四足歩行から二足立行に移ることによって、人間の空間認識は、這う生物とは決定的にことなったものになったであろう。とくに人間の場合、はたらきの構造は、後天的な学習によって形づくられ、創出される割合が大きく、単に器官の構造に還元できないレベルに達する。

じっさい人間の場合、身のはたらきは、生得の形態的・機能的特性によるはたらきに限定されない。文化のはじまりとともに、その機能は、記号と用具とそれらを組み込んだ制度に仲だちされたはたらきとなる。身は文化的身体ともいうべきものであり、社会的−歴史的に制約されている。この媒介された身をとおして、われわれは事物や他者を認識する。この認識は、仲だちする記号系や用具系や、それらを社会的に組織し意味づける制度系によって拘束されている。こうした重合した何層もの制約のもとにあるのが、逆説的ながらわれわれに直接与えられている経験である。

アプリオリが「経験に先立って」あるいは「経験をはなれて」を意味し、アポステリオリが「経験より後に」あるいは「経験にもとづいて」を意味するとすれば、アプリオリ−アポステリオリの二分法は、過度の単純化である。さらに経験を純粋の感覚的経験にかぎるのは、下意識的レベルから仲だちされたレベルまで、さまざまのレベルで身が事物や他者とかかわる具体的経験の矮小化・抽象化にほかならない。感覚的経験から一切の認識をみちびき出そうとする「構造なき発生主義」は、経験そのものを制約している条件や、経験が含んでいる感覚的経験以外の世界把握を無視している。また生得的な観念や生成的な構造をもった知性を前提する「発生なき構造主義」は、経験をとおして、知性が社会的・歴史的・個体発生的に制約されつつ、構成されていることを忘れている。

そもそもアプリオリとアポステリオリの峻別という二分法そのものが、ドグマである。二分法にしろ三分法にしろ、認識が差異化であり、分別であるかぎり、それ相応に根拠のある方法論にちがいないが、現実の事態を的確に把握したものとはいえない。哲学史上、感覚的経験と理性、アプリオリとアポステリオリ、分析的と綜合的などが、さいしょは峻別されながら、しだいにはっきり分けることはできないことが自覚される過程は、これをよく示している。

ある場合には、アプリオリであるかもしれない構造が、経験と分かちがたく融合することによってアポステリオリとしてとらえられる。またある場合は、アポステリオリが、個人の体験のなかで無意識化し、社会的・歴史的に伝承されることによって、個の経験にとってはアプリオリとしてあらわれる。こうしてわれわれは、アプリオリとアポステリオリを厳密に区別することができなくなるような経験の重合的ないし癒合的な構造に到達する。知性はこのような漠然とした中間的構造から発生し、分析的知性のレベルをへて、さらに癒合的構造をも内包しうるような〈超-知性〉へと自己を拡張しようとする。

感覚-運動的活動と認識

前項でのべたように、認識は関係の一形態であり、まだ未分化な主体と客体との中間にあって、純粋に主体のものとも客体のものともいえない相互作用から生ずる。認識は中間から生成するのであり、ベルクソンが中間的認識と呼ぶものが出発点なのである。自己組織化は関係化であり、生きることはすべて環境との相互作用である。そこでさまざまの事象を積極的に把握し、より有効な仕方で事物にはたらきかける行動の一環として、知覚と行動が発生する。

さらに直接的認識としての知覚と間接的認識としての知性をむすぶ環もまた、ベルクソンが指摘するように行動である。生まれかけの行動であり、行動のデッサンである知覚は、感覚-運動的活動へ、さらに対象にたいする明確な行動へと展開する。こうした行動(活動と操作)の図式が知性の源泉である(ピアジェ)。ベルクソンは知性の発生を進化の歴史のなかで考えたが、ピアジェは個体の成長に即して、知性の形成過程を具体的に研究した。ここではまずピアジェの研究[1]を参照しながら、知性の形成をたどり、その展開の方向を考えてみよう。

純粋に知覚的な世界は、対象が知覚されているあいだしか存在しない流動的で整合性のない幻影的世界であろう。知覚されないものは存在しないのである(ある時期までの幼児は、哺乳ビンを毛布の下にかくされると関心を失い、探そうとはしない)。活動の図式が構成されるにつれて、世界も持続するものとしてとらえられ、かくされたもの(知覚的に消失したもの)をさがして、とりかえすことができるようになる。さらに活動が脱中心化され、自律した構造を獲得するにつれて、対象相互の共応した自立的関係が把握され、もの自身の移動とものの保存が理解できるようになる。知覚的な体制化は、感覚-運動図式によって形づくられるが、いったん体制化されると、ものの持続は、あたかも知覚の原初的な所与であるかのようにとらえられる。ここにもアポステリオリが、あたかもアプリオリであるかのように錯覚される機構の一つがある。

知覚は、世界とかかわりつつ自己組織化する身のはたらきの一環として、感覚-運動的活動によって体制化されるが、感覚-運動図式そのものは知覚されない。しかしわれわれの具体的な経験は、感覚的経験ばかりではなく、活動の経験をもそのうちに統合している。経験を感覚的経験に限定して、知性に対立させること自体がドグマなのである。論理的な判断や推論の能力としての知性以前にも、すでに感覚-運動的活動が経験を構造化する役割を演じている。

感覚-運動図式というとらえ方が示すように、知覚と活動は、はっきり分離できるものではなく、身のはたらきの一環として循環しているから、活動に支えられない知覚も、知覚をともなわない活動もありえない。こうしてさまざまの活動が世界とのかかわりを通じて、しだいに共応し、構造化されるにつれて、活動が向かう世界の対象相互にも共応が生ずる。そして相対的に安定した持続する世界が構造化され、世界のうちに主体としての身と対象としての世界が分化する。これは脱中心化のはじまりであり、身が客体化されるという逆転の可能性がすでに用意されている。世界が持続する客体的なものとして身分けされることは、身そのものが持続する主体的なものとして身分けされることである。それと同時に主体としての身は、第一に、身自身に折り返して、身そのものを客体的なものとして知覚することができるという意味で、第二に、活動によって客体にはたらきかけうるかぎり、客体と共通した性質をもつという意味で、持続的・客体的なものとして潜在的に身分けされる。

ここまでのところ感覚 - 運動図式は、生きられてはいるが、この図式が構成する非知覚的な構造は、まだ表象化されてはいない。ピアジェはつぎの段階として、可逆的な操作には到達しないものの、知覚されないものを表象することにもとづく行動があらわれる前操作的・表象的活動の水準を想定する。これは広い意味での記号的機能のめばえであり、この機能があらわれるまでは、心像《イマージュ》の誕生を想定させる現象は見られない。感覚 - 運動的活動の図式が構成する非知覚的構造は、この記号的機能によって表象的活動に移しかえられる。

心像は活動の内化であり、内的素描にほかならない。こうして静的な事物の布置の心像は、前操作期の表象においてもすでにあらわれるが、運動や変換やその結果を心像として再生できるようになるのは、つぎの具体的操作の水準に入ってからである。ベルクソンのように、知覚そのものを行動のデッサンと考えれば、これは具体的知覚のうちに組み込まれていた指向的行動の対象的・空間的要素と活動的・持続的要素が、それぞれイメージ化されるさいの難易度を示しているといえよう。

しかし心像は、判断のような形式的知性のはたらきとはことなっている。肯定・否定のような判断それ自体は心像化されず、無心像的な思考がありうるからである。心像では一般に、意味するものと意味されるものは類似によってむすびついており、具体的な活動をはなれることができない。ところが言語では、両者は分離し、類似によらない、より自由な、無縁的なむすびつきが可能になる。言語がもつこの自立的・形式的な性格は、言語を介する知性的思考を、知覚はもちろん、感覚-運動的活動からも、心像的活動からも切りはなし、形式的知性の自立性を高める。さらに言語は、デカルトが指摘したように、知覚することも、心像として思い浮かべることも困難な概念(千角形)や不可能な概念(丸い三角)の表現を可能にし、またメルロ＝ポンティが批判する上空飛翔的思考へとわれわれを誘惑する。

操作的行動と認識

操作的知性は言語と密接にむすびついている。そして言語活動とともに、より高い水準で開花する新しい可能性が生まれる。とはいえ言語表象とのむすびつきがすぐ実現するわけではない。ある活動が行動によって実現できるからといって、それが表象の上でもできるわけではない。それには、まず垂直的水準移動《デカラージュ》によって活動が表象の水準に移され、表象の水準で図式が再構成されなければならない。

われわれ成人の場合でも、やればできるからといってそれを容易に表象したり、口で表現できるわけではない。巧みな職人も、それをじっさいにやってみせることはできても、口で説明できないことは珍らしくない。行動を表象しようとすると、たちまち操作の順序や手足の共応の関係がわからなくなってしまう。車を毎日運転している人でも、ブレーキとアクセルとクラッチとギアシフトの操作関係を説明しようとすると、もう一度やってみないとうまく言えない。「習うより慣れろ」というのは、これを逆の方向から言っているのである。

しかし活動や操作が、水準移動《デカラージュ》によって言語表象の水準に移されることは、論理的思考の発達を加速化するとはいえ、言語体系に内在する論理を論理的思考の唯一の源泉と考えてはならない。ピアジェによれば、言語を使えない聾啞児では、論理の発達が体系的にみて一、二年遅れるとはいえ、正常児と同じ発達段階を経過する。決して論理が欠如しているとはいえない。逆に言語は使えるが、感覚的障害によって感覚‐運動図式の適応がさまたげられている先天性盲児では、図式《シェマ》の一般的共応が遅れる。同じ種類のテストにたいして、問題によっては、四年あるいはそれ以上の遅れがみられるのである。つまり論理は、言語にのみ由来するのではなく、感覚‐運動期以来ひきつづいておこなわれているさまざまの活動や操作の一般的共応に由来する(ここでいわれている論理は、公理的記号体系として完成された論理ではなく、論理的思考というほどの意味である)。

発達的にみれば、知覚が体制化する過程は、感覚‐運動図式や操作図式の発達と密接にからんでいる。したがって両者のあいだには一種の同型性がみられるが、ピアジェは両者を抽象が成立する別々の源泉と考えている。つまり感覚‐運動図式は、対象についての知覚的情報からの抽象であり、これは物理的経験の基礎となる。操作図式は、対象に向けられた諸活動からの抽象であり、これは論理‐数学的経験の基礎となる。

この二つの抽象を区別する根拠は、第一に、活動のたびに知覚が生ずるとしても、もろもろの活動の図式そのものは知覚しうるものではなく、〈知覚対象からの抽象〉と〈活動からの抽象〉は等価とはいえないからである。第二に、知覚はもちろん、感覚‐運動的活動に固有の調整でさえも、いま・ここにある状況にかかわり、一般に非可逆的であるのにたいして、操作は可逆的だからである。つまり知覚からの抽象ではなく、操作からの抽象が可逆性をもたらし、超時間的な論理‐

数学的な構造を生みだす。

これは経験論のように感覚的経験に知のすべての源泉をもとめることはできない、ということを意味する。と同時に生物学的な生得性を別にすれば、合理論のように潜在性としての生得観念があり、それが発達とともに現実化されるとか、内的目的性にしたがって前もって確立された設計が精神のうちにあり、それが知性の源泉になるという風に考える必要もない。広い意味での〈活動〉が漸進的に構成されて〈操作〉へと向かい、ある水準で均衡状態に達するが、それが不安定になるとまた新しい水準での均衡化をめざして操作が再構成されると考えることができる。

操作的思考と論理

ここで形成される論理‐数学的構造を論理学そのものの形成と考えてはならない。操作的思考は、言語の仲だちによって形式的体系へと飛躍するからである。論理学体系の成立は、言語が歴史的に形成され、言語を媒介にした意識的・理論的反省が時代を通じて蓄積され、自然的思考の限界をこえることによって可能になる。したがって論理‐数学的な体系は、個体の発生心理学だけでは基礎づけることができない。ピアジェは、子どもの操作的思考の発達が向かうと想定される均衡状態の論理的図式を、数学の〈束〉と〈群〉の概念を借りて構成している(第二次群性体としての束‐群構造)が、そのすべての形式を子どもの操作的思考がみたしているわけではない。これらは子どもの思考が構造化されてゆく過程を実験的に確かめるためのモデルなのである。

では構造化された全体としての論理的図式は、アプリオリなのだろうか、アポステリオリなのだろうか。ピアジェは、論理的図式ないし構造はアプリオリとも、アポステリオリともいえないという。この構造は、形式的操作が自己制御的に均衡化に向かうことによって到達する簡潔な形式である。構造はたしかになんらかのアプリオリな前提を含んでいるが、自己制御による均衡化は、既成の前提をこえて、より一般的な新しい構造を生み出し、高次の必然性に達する。これはアポステリオリな出来事である。こうしてピアジェは、子どもの操作や思考が、それぞれの水準の均衡状態の論理的モデルに接近する過程をあきらかにしようとする。

さきにのべたようにピアジェは、形式的操作が言語表象の水準に移されることによって論理的思考が加速化されることをみとめる。しかし同時に論理的図式の形成が言語にのみ由来するものではなく、活動と操作の一般的共応に由来することを強調した。これは子どもの思考の発達については妥当な指摘であろう。しかし形式的論理学の構成については、より言語の役割を重視しなければならない。ベルクソンは知性が行動のためという実用的性格をもちながら、本能のように対象が限定されない普遍的性格をもつために、実用とかかわらない事象や自己自身をも対象化する自由をもつことをみとめた。この知性の能力が、言語の利点と密接にかかわっているのはあきらかだろう。

たしかに言語や論理は、知性を実用から解放する力をもっている。その反面それらは事物にたいする行動のなかで形づくられたからこそ、物質的現実に適合する性質をもっている、とベルクソンはいう。同様にピアジェは、論理‐数学的な操作と物理的経験との原理的な一致の根拠を、主体の活動の図式や操作の図式が、もろもろの対象とかかわり、それらを変換する活動のなかで形成された点にもとめている。活動や操作が対象へのはたらきかけであるかぎり、そのはたらきかけにおいては、二つの共応が同時にはたらいている。一つは、主体の活動を相互にむすびつけ、図式《シェマ》を構成する共応であり、第二は、知覚や活動や操作の対象相互をむすびつけ、対象を構造化する共応である。

この両者の共応は同時にはたらくことによって、密接にむすびついているから、共応相互のあいだにも共応が生まれる。したがって主体がその一部をなしている物理的世界の物質的・時間的形式と、主体によって構成される論理‐数学的構造の非物質的・非時間的形式とは、原理的に対応しうるものとなる。こうしてピアジェは、論理‐数学的構造を、活動や操作の均衡化による漸進的構成として発生的に理解しようとした。しかしピアジェは知性の個体発生を跡づけたとはいえ形式化された論理学を基礎づけることに成功したとはいえない。

その理由はつぎのような点にあるといえよう。

第一に、自然発生的な準‐論理的思考と形式化された公理的論理体系とのあいだには、断絶ないし飛躍があるからである。これは活動ないし操作の自己制御が、事実上内在的に均衡化へ向かうという事実的な必然性と、形式的・論理的な必然性とのあいだの断絶である。

第二に、論理学の形成は、歴史のなかでの理論形成の問題であり、個体における論理的思考の形成のみによっては、発生的にも基礎づけることができない。

第三に、発生的な基礎づけのためには、準‐論理的な構造から公理的論理構造への位置転換の機制があきらかにされなければならない。公理的論理学は原子論的であり、その論証の順序は必然的に線的であるが、操作の体制は構造化された全体から成り、諸契機は循環システムの形で結合していて、線状の演繹には還元できない。この異質な構造を媒介しているものは言語であり、言語のはたらきの深い分析が必要である。

知性の拡張

ピアジェの研究は、論理学の基礎づけという観点をはなれてみても、直接的認識から間接的認識へと移行するさいにあらわれる自然的思考の体制化――主体自身には意識されない図式の構成――の研究として興味深い。ここでは推論的思考という意味での間接的認識と記号や用具に媒介された認識という意味での広義の間接的認識の問題がオーバー・ラップしてあらわれるが、後者の問題はあとで扱うことにする。さしあたって自然的思考の体制化という観点からみれば、自然知的思考から形式的論理の構成へという方向（ピアジェはこの方向の研究に重点をおいたが）は、知性のもつ広い可能性の一つにすぎない。

　もう一つの可能性としては、ピアジェが形式的思考の均衡状態にいたる前段階――未均衡あるいは不完全態――と考えていた具体的思考の積極的意味に注目すべきであろう。ピアジェは、具体的思考の特徴として、非線的・循環的という特徴をあげている。これを単に不完全な思考（欠如態）と考えるのは適切ではない。公理的論理学においては、用いられる概念は一義的であり、日常語のように、たがいに輪郭がはっきりしないまま重なり合って多義性を発生したり、相互に移行したりしないよう明確に定義されている。その論証の順序は、必然的に線的であり、公理から系への展開は、ツリー状をなしている。ところが具体的思考では、概念は多義性をもち、輪郭がはっきりしないまま、たがいに重なり合ったり、一つの意味から、隣接する意味や類比関係にある意味に容易に横すべりしたりする。

　具体的思考の諸機制は、構造化された全体から成り、その諸要素はフィード・バックする小さなループをいくつも含む循環システムの形で結合している。したがって具体的思考の構造は、線状の論理的演繹よりは、生命体のシステムや生命体を含むリビング・システムに似ているといえよう。それは循環や斜行や飛躍を含み、換喩や隠喩といった比喩的機能が重要な役割をはたす日常言語のはたらきのネットワーク構造に近い構造をもっている。この問題については、別のところで取り上げた(『〈身〉の構造』青土社)。具体的思考の展開の仕方は、無心像思考にさえ達する論理的思考とことなり、心像のつながり方や日常言語のつながり方に、より類似している。

われわれが生きている具体的な世界は、もちろん混沌ではなく、行動するに十分なだけ分節化された世界である。とはいえそこでは知覚も概念も、たがいに重なり合いながら、相対的な差異化の継起のなかで、あるまとまりをもつものとしてあらわれる。それらは一連の他の知覚や概念との差異と対立のなかで、ある特性(その特性自体、比較的分明な〈図〉と不分明な〈地〉から成り立っている)を帯びる。したがって別の一連の他の知覚や概念とのかかわりが生まれると、それらとの差異と対立によって、さきほどの特性と共通した部分をもちながら、かならずしもそれと一致しない特性をもつものとしてあらわれる。

こうした変換を起こさせるものは、一つの主体の観点ないし発想の枠組の転換である。ちょうど万華鏡の筒を少しまわしただけで、図柄ががらりとかわるように、観点や枠組の変化によって、あらわれてくる対象やその構造や機能が一変する。もう一つは新しい知覚や概念が偶然の機会によって外から闖入することである。万華鏡に小さな破片を投入すると図柄が一変するように、これまでの均衡した構造をゆるがし、構造化の臨界点を一気にこえさせるような新しい経験というものがあるのだ。

新鮮な比喩や発見的図式の創造を可能にするのは、経験が構造されるこうした〈場〉の中心移動あるいは構造変換である。ここではピアジェが、均衡状態の欠如ないし非均衡化として、どちらかといえばネガティヴに、あるいは過渡的なものとしてとらえた活動や構造が、よりポジティヴな意味をもつものとして再評価されるであろう。拡張された知性による間接的認識は、合理的推論による認識ばかりではなく、いまのべたような癒合的・非‐合理的推論による認識をも含まなければならない。

それればかりではない。言語による知的推論そのものが、その過剰性によって知的認識のパラドックスをあらわにすることができるのである。これは言語による知的推論が、というよりは、人間に内在する過剰への傾向が、言語の過剰によって促進され、倍加されると言った方がいいかもしれない。ベルクソンは歴史について、〈二分法の法則〉と〈二重の熱狂の法則〉を上げている。これを一般化すれば、前者は、はじめ一つの単純な傾向に内在するもろもろの方向性にすぎなかったものをはっきり分離し、現実化する法則である。言語による区別立てと固定化が、これを促進するのはいうまでもないであろう。

後者は、それらもろもろの傾向がいったん分離され、現実化されると、終りまでその可能性をたどりつくそうとする要求である。これもまた現実との接触をはなれることのできる言語の過剰性によって逆説にまでいたり、まさに逆説的に、言語による知的認識の限界をあきらかにする。しかしベルクソンは、これを批判しているのではない。もしこの極端化がなければ、破局にいたることもなく、バランスを保つことができたかもしれない。そのかわり、量的にも質的にも最大の創造を手に入れることはできなかったであろうとかれは言う。なぜなら、一つの傾向がもたらしうる可能性のすべてを知るためには、徹底的にその方向につき進んでみなければならないからである。

この点にベルクソンを含めて、西欧の思想、ことに近代西欧思想の特徴を見ることができるかもしれない。東洋の思想には、このような究極主義を否定するものが少なくない。儒教は仏教にたいしてそのような非難をあびせた。たとえば植物を知ろうとすると、その植物を養い育てることによって知る(今日でいえば生態学的発想ということになろうが)のが儒教だとすれば、仏教は、植物を大地から引っこぬき、その根っこがどうなっているかまで調べることによって、植物を死なせてしまうのだ、と。そして仏教もまた同じような非難を他の究極主義者にあびせたのである。じっさい仏陀は、世界が究極的に「何」でできているか、というような問いには関心を示さなかった。あるいは重要な問いとは考えなかったように思われる。

この大きすぎる問題は、あらためて考えることにして、つぎに狭義の知性的認識と密接にからんではいるが、用具や記号や他者を媒介にするという意味でのもう一つの間接的認識について考えてみよう。

3 媒介された認識による〈組み立て直し〉——間接的認識(2)

直接的認識を拘束するもの

われわれが世界内存在であるということのうちには、われわれが世界のなかで生起しつつ、世界を世界として構成するというパラドックスが含まれている。われわれは状況によって形づくられながら状況を形成する状況内存在であり、すでに意味や価値が与えられた歴史的世界によって規定されながら、たえず新しい意味や価値を創り出し、既成の意味や価値を再編成することによって、歴史的世界を形成する歴史内存在である。

この循環、このパラドックスは、形をかえていたるところにあらわれる。われわれは、見えるものであり、(他者によって)見られる見るものである。二つの事態のあいだには大きなへだたりがあるが原理的には一つの事態だともいえる。私が私の手を見るとき、見られる対象としての手を私は同時に主体として生きている。私は私にとって他者であり、私が私の手を見るとき、私は見られる存在としての対他存在を経験し、見る主体としての他者を経験している。

してみるとこの逆説的な構造は、身体そのものがもつ主体＝客体性という両義性に根ざしていることがわかるだろう。最も原始的な感覚である触覚においては、さわることは同時にさわられることでもある。これは逆説であるとしても生きられた逆説であり、そこにはいささかも理解不可能なものもなければ、解きがたい謎もない。それは言語の一義性と、論理の単線的展開を理想とする近代合理主義の思考の枠組にとって理解困難であり、謎であるにすぎない。

　自己組織化する関係的存在としてわれわれ自身をとらえれば、この両義性は関係の本質であることが理解されるだろう。自己組織化においては、〈中心化〉は〈関係化〉と同義だからである。われわれが個体として自己組織化し、中心化するのは、生理的レベルにおいても、社会的・文化的レベルにおいても、世界とかかわる関係化をとおしてである。物質代謝という環境とのかかわり(物質交換やエネルギーの転換)なしに自己組織化することはできないし、他者とのかかわりなしに自己を自覚し形成し、文化的世界とのかかわりなしに今あるような文化を〈身〉につけ、内蔵した人間であることもできない。それとともにわれわれが縁によって生起すること(縁起ないし依他起性)は、同時にわれわれが縁となって何かを生起させることでもある。受動＝能動性という両義性もまた関係あるいは縁起の本質なのである。

　したがってある対象や事態の直接的認識は、つねにより広大な関係の網を包括する暗黙知によって支えられ、暗黙知は知以前の暗黙の相互関係によって限定され、方向づけられている。この重層的な限定と方向づけを解明するためには、用具や記号や他者の眼を媒介とする間接的認識の方法によらなければならない。すでにのべたように現象の意味を意識へのあらわれをとおして直観しようとするフッサールの現象学をはじめ、ベルクソンの〈意識に直接与えられたもの〉、ジェームスの〈根本経験〉、西田の〈純粋経験〉など、直接的認識の方法は、もっとも複雑に媒介されたものから出発するという逆説を含んでいる。

現象が重層的に拘束されているかぎり、媒介をカッコに入れる〈現われへの還元〉のはてに、われわれは、われわれの生が非意識的・無意識的レベルを含めた下意識的レベルの生によって基礎づけられ、またさまざまの歴史的・社会的仲だちによって媒介され、拘束されているという事実に直面せざるをえないであろう。還元には終りがなく、カッコ入れによって事実上無視される認識がある。われわれが関係的な存在であるかぎり、さまざまの関係の錯綜によって限定されず、拘束されない〈究極の知〉はありえない。というより〈知〉そのものが関係の一形態なのである。

幾つかの例を検討してみよう。われわれの意識的な生（志向的統合）が、意識以前の生（向性的統合）によって基礎づけられているかぎり、志向的統合は向性的統合によって決定されはしないものの、方向づけられている。たとえばわれわれの対他的関係は、意識レベルでいとなまれると同時に、精神分析があきらかにしたように、前意識的レベルでも、また抑圧というダイナミックな関係をとおして無意識のレベルでもいとなまれている。そして後者は〈意識場〉を方向づけたり、歪ませたり、変形させたりする。そしてこの干渉の解明には、すでにシンボルおよびシンボル的制作物の解読という〈間接的認識論〉を必要としたのである。それではさらに下層の非意識的レベルとの相互作用についてはどうだろうか。このレベルは環境との生理的相互作用にはかかわるが、対他的関係にはかかわらないとされるか、あるいはかかわるとしてもかかわりの実態の研究は、きわめて稀であったといえよう。

非意識的レベルの〈身分け〉

非意識的・前コミュニケーション・レベルでの対他的〈相互関係《インターラクション》〉について貴重な示唆をあたえるのは、井村恒郎氏指導による精神医学的なコミュニケーション研究である。[2] 精神医学ではコミュニケーションの程度を示す概念として、〈疎通性《ラポール》〉(rapport, Zugänglichkeit)がもちいられる。疎通性は、「ある気がるな開放感、気やすさ、うなずきの感じをもち、思考と感情が共通のリズムで流れている感じをふくむ。それは特定の言語以上のもの、言語を一つの成分としてふくむものである。意味が理解され、verbal communication と non-verbal なそれとは融け合う。そのさいには〝同じ波長の波にのっている〟〝触れあっている〟という感じがある」[3](R・スピーゲル)と定義されるから、これは身のはたらき方が相的《フェイジック》にであれ、ある程度構造的に同一化した〈感応的同調〉の状態を指すといえよう。

精神医学的には言語を中心にした論弁的《ディスカーシヴ》な知的疎通性より、言語をもちいたとしても、非言語的な交流に重点がある感情的疎通性が重視される。日常的な場面でも、より深い交わりが問題になるときは、「ことばにはつくせない」のであり、「眼は口ほどに物をいい」という場合、むしろ眼は口以上にものをいうことを表現しているのである。このような感情的疎通性は、「眼前にいる相手の感情状態を、自分の心に、感情の同じ共振れ（reverberation）として了解する」[4]（同前）という〈共感《エンパシイ》〉にきわめて近いものである。このような構造的同一化による感応的共振ないし同調が、知的な意志疎通のみならず、感情的な疎通にまでおよんだとき、われわれは他者との交わりが深まり、心が通い合ったと感ずる。したがって感応的‐構造的同一化には心理学的な同一化《サイコロジカル・アイデンティフィケーション》から生理学的な同一化《フイジオロジカル・アイデンティフィケーション》にいたるさまざまのレベルがあり、それぞれのレベルは、ポジティヴな相応関係を示すこともあれば、ネガティヴな相反的関係を示すこともある。

井村グループの研究の中心は、志向的レベルでの疎通性の評価と、向性的レベルでの生理的相互変化の対応関係に向けられている。面接状況での患者の応対の心理学的評価と患者の生理学的変化とのあいだに、有意の対応関係があることは以前から知られていたが、その後の研究は、患者のみではなく、治療者と患者の双方について、相互の疎通性の心理学的評価と生理学的変化を同時に記録し、照合する対人関係の生理学《インターパーソナル・フィジオロジー》の方向へと展開した。その重要な一翼をになう井村グループの研究では、生理学的変化については、治療者と患者の双方からポリグラフ（主として皮膚電気反射（GSR）、心搏数変動、呼吸数変動）を記録し、資料としてもちいている。心理学的評価については、面接中に数名の面接熟練者がワンウェイ・ミラーのこちらから面接者と患者双方の表情・所作・態度などを観察しながら、面接を聴取・録音し、のちに面接者も加わってジャッジとなり、面接状況をあらわす項目が分類評価される。

同グループの木戸幸聖氏の研究は、面接者と患者の生理学的変化の指標として主にGSRを用いその相応性──とくにGSRがごく短時間(三秒以内)に相応して面接者・患者双方に現われる〈同時性出現〉に着目する。まず第一にえられる結果は、一般に、疎通性の高い状況では、お互いのGSRの出現数が比較的多く、同時性出現率が高く、また同時性出現が連続してあらわれるが、疎通性の低い状況では、GSR出現数がともに少ないかあるいはお互いの間にいちじるしい差があり、同時性出現率は低く、かつ同時性出現が散発的にあらわれる傾向がある、というポジティヴな対応関係である。心理学的な疎通性は、それに対応する生理学的変化をともなうという常識的な予測を実験的に確認している。

分裂病患者は神経症患者に比べてGSR出現数は少なく、同時性出現もおおむね散発的であり、出現率も低いが、この傾向は面接医の側にもみとめられる。面接医の意識レベルでの疎通への努力にもかかわらず、対人関係の疎通性は相互的にしか成立しないのであり、向性的レベルの身の対応は、これをきわめて正直に示している。治療者・患者両者のGSRパターンが対応して変化しているときは、分裂病患者との面接でも、話題の内容についての理解は十分ではないとしても、情動的な動きや態度の変化につれて両者の応対に変化がみられる。これはGSR変動に関係するところの大きい情動的疎通性の基層的重要性を暗示しているといえよう。

一般に神経症患者との面接にくらべ、分裂病患者との面接では双方ともGSRパターンがかぎられる傾向があるが、ことに疎通性がよくないと評価する治療者の側にその傾向が強いという。これは二つの要因が考えられる。第一は一般に治療者が患者の態度に拘束されるという前意識的な身のかかわりの相互性により、共感性に欠けた状態から解放されないまま面接をつづける場合であり、第二は患者の表面的な応対の乏しさから、治療者が患者のうちのうかがいしれない変化の可能性を排除して、積極的なはたらきかけをしない場合である。

面接した治療者が患者の応対に可塑性が乏しいと評価する場合も、患者のパターンが固定しているとはかぎらず、むしろ患者のパターンの変化が多く、治療者自身のパターンの変化が少ない傾向がみられるという報告は、通常のコミュニケーションの構造を考える上でも示唆的である。治療者の患者評価はかならずしも患者の生理学的変化(GSR)とは一致せず、むしろ治療者自身のGSRパターンに一致するという複雑な構造をもつのである。これは治療者の向性的レベルでのかかわりの姿勢が、志向的レベルでは患者の姿勢として投射されるのか、志向的レベルでの患者評価が治療者の向性的レベルでのかかわりに反映するのか、にわかには定めがたいが、精神医学的な面接状況だけではなく、われわれの通常のコミュニケーションにおいても、意識レベルの疎通性のみならず、このような身のかかわりの自己反射的構造ないし重層的・交叉的構造がありうることを想定しなければならないだろう。

後者の典型的なケースは、向性的レベルの疎通性評価と志向的レベルの疎通性評価が相反する場合があることである。つまり向性的レベルの身のかかわりと志向的レベルで本人が意識する身のかかわりは、かならずしも一致するとはかぎらない。これは日常的にも漠然と感ずることがあるから、まったく現象しないとはいえないが、身の〈現象〉の境界例であることはたしかだろう。

このようにコミュニケーションは、身の統合のさまざまのレベルにまたがった対人的かかわりにもとづく多次元的ないとなみである。その極端な例として、七年間無言で表情の動きもほとんどない典型的な分裂病患者に、GSRと心搏変動を記録しながら面接すると、面接的なはたらきかけにさいして面接医のGSRが変動するのにともなって、患者のGSRが変動したというケースがあげられる。この場合言語的な応答はなく、表情も変らないから通常の意味でのコミュニケーションは成り立っていない。したがってふつうはまったくの無コミュニケーションとして処理されるであろうが、向性的レベルでは両者のあいだに一種の間身体的かかわりが生じた可能性を否定できない。これは意識現象としてのコミュニケーションの底にある対人的〈身分け〉によるかかわり(ラポール)の多次元性と複雑さを垣間見させるケースといえよう。

今のべた向性的レベルでの対他的かかわりは、非意識的な対応《カウンタームーヴ》である。はっきり伝達が意図されているわけではないから固有の意味でのコミュニケーションとはいえない。前コミュニケーション的な〈相互作用《インターラクション》〉としてのかかわりである。このかかわりが志向的レベルに近づくときには、なんとなく通い合った感じとして、あるいはくつろぎの共有としてとらえられるであろう。逆の場合は、理由のはっきりしないぎこちなさ、ある種の居心地の悪さ、なんとなく通い合わないいらだちや疎外感としてとらえられるであろう。さらに志向的レベルをはなれた向性的レベルの対応にすぎなくなるときは、対他的気分としてさえも意識されない前コミュニケーション的な相互作用となる。

これはコミュニケーション論の直接の対象ではないが、このような対応が、記号的コミュニケーションが関与しないレベルでの〈身〉のかかわりを開示するとすれば、コミュニケーション論はそれを無視することができない。身のコミュニケーションは、身のさまざまのレベルでの他者(さらには他物)とのかかわりを含んでいるが、それらはつねに共方向性ないし構造的類比という単純な関係にあるわけではない。それは向性的統合と志向的統合とが〈基づけ‐基づけられる〉関係にありながら、相対的に自立した側面をもち、ある〈ずれ〉を許す(そこに意識の自由と心身の分裂が可能になる根拠がある)以上当然のことであろう。井村グループの研究に示されているように、両者は一見無関係であったり、正反対の方向《サンス》(意味)を示したりするのである。

〈身分け〉と〈言分け〉の入り交《か》い

このような〈身〉と〈世界〉との必然的な関係、解きがたい入り交《か》いを〈身分け〉と呼ぶことにする。〈身分け〉は、身がその構造やはたらきによって世界とかかわるとき、世界をある仕方で（種に共通の仕方、ある文化に共通の仕方、あるいはきわめて私的な仕方にいたるまで、さまざまのレベルによる変異があるにしろ）分節化することである。しかし世界内存在としての身の構造やはたらきは、身がかかわりうる世界の構造やはたらきによって分節化され、構造化され、形成される。したがって人類の誕生からほとんど変わらない〈身分け〉もあれば、用具や記号や制度といった仲だちの発達によって変化し、形成された〈身分け〉もあるわけだ。世界のなかでの自己組織化が、同時に世界との関係化であるかぎり、関係が単なる外面的関係ではなく、自己組織化と世界の分節化そのものにかかわるという意味で、内面的関係としての入り交いであるのは当然であろう。

また〈知〉が関係の一形態であるかぎり、〈身分け〉の認識的な側面は〈身知り〉と名づけることができよう。〈身知り〉は、〈何か〉を身で知り、体認し、体得し、身得することであるとともに、何かを身で知ることにおいて、〈何か〉を介して身自身を把握することでもある。しかも〈身分け〉は、時間のなかで進行する入り交いであるから、〈身〉はたえず生成し、保存される持続である。同時にわれわれは世界を身のはたらきと深く入り交った歴史においてとらえる。

われわれが世界をなかば透明でありながらなかば不透明な、ある厚みをもったものとして、なかば不気味でありながらおおむね親密なものとしてとらえるのは、このためである。この生命的熟知感と異物的未知感が、認識にともなう喜びと驚き、さらには不安や恐怖をあたえる。認識は想起でもあれば発見でもある。渋沢龍彦氏の逆説的な表現をかりれば、われわれは潜在的に既視《デジャ・ヴュー》である未視《ジャメ・ヴュー》として世界を身知るのである。このような〈身知り〉を可能にしているのは、身の〈感応的同調〉ないし〈感応的共振〉である。われわれは人にたいしてはもちろん、物にたいしても感応し、共振する。まったく〈感応不能〉、〈同調不能〉の状態におちいれば、対象や出来事を認識することさえできないであろう。それはまったくの没意味・没価値の世界であり、「ねり粉のような」（サルトル）とさえいえないであろう。それはむしろ進行した分裂病者の世界に似ている。

意識されることなく、また言語化することが困難な感応的同調として始まった〈身知り〉は、あるときとつぜん自覚化され、意識化される。つまりふつういう意味での認識となる。そのさい言語が大きな役割をはたすのはいうまでもない。しかしすでに名づけられ、ことばで分節化された世界に生まれてくるわれわれには、〈身分け〉的世界から言語的ないしシンボル的に分節化された世界（丸山圭三郎氏の表現を借りれば、〈言分け〉的世界）への飛躍を理解するのは容易ではない。ヘレン・ケラーの自伝は、この飛躍、この驚き、ほとんど啓示的といってもいい〈言分け〉的世界の発見を見事に描き出している。ヘレン・ケラーは、流れる水を手に受けながら、家庭教師が w-a-t-e-r をくりかえし、手の平に書いたとき、とつぜん〈water〉を理解し、認識したのである。この小さな啓示は、新しい広大な〈言分け〉的世界を彼女の前に開いてゆく。人類の進化の途上でも起こったであろうこの驚くべき出来事は、しかしまた世界のイデア化、実体化、自明化のはじまりでもあった。

ここに理解することと納得することの亀裂が生まれる。日本語では、しばしばそれは頭による理解と腹による把握のちがいとして表現される。頭では理解しても、どうしても呑み込めず、腹に収めかねるのである。逆に意識的な知や言語が、身の感応的同調や共振をひき起こすレベルにまで深まったとき、知は〈身知り〉の状態に達し、体認される。このように〈身分け〉は両極的分節化であり、身と世界は同時に分節化される。見るはたらきは、見える世界と入り交っており、見るはたらきが拡大すれば見える世界も拡大し、あるいは質的に変化する。身の統合がさまざまのレベルで行われ、潜在的な統合の一部が相的《フェイジック》に遷移しつつ実現するのに応じて、身分けもたえず変化し、一過的であったり、システムとして保存されたりする。

もっとも直接的かつ原初的と考えられてきた感覚ないし知覚が、意識以前のレベルですでに文化的な拘束をうけ、媒介されていることを示す研究は少なくない。なかでも言語は、形式的にも内容的にも知覚的身分けに深く浸透し、身分けの仕方を左右する。音世界について、〈身分け〉と〈言分け〉の入り交いの興味深い一側面をあきらかにしたものに、角田忠信氏の研究があることは周知のとおりである。[5] これについては別のところですでにふれたことがあるので、[6] ここでは要点を簡単にまとめることにしよう。

(1)　一〇歳くらいまでのあいだに日本語を第一国語として使う環境で育てられると、言語が言語脳（ふつうは左脳）で処理されるのは当然のこととして、そのほかに持続母音、母音のスペクトラム構造とよく似たスペクトラム構造をもつ情動的な声や動物の鳴き声、また自然音や邦楽器音の大部分が言語脳優位となる。他方、非言語脳（ふつう右脳）で処理されるのは、純音、西洋楽器の音や機械音である。それにたいして西欧語の言語環境にそだち、西欧語を母国語とすると、言語脳で処理されるのは、言語および子音をふくむ音節単位や子音の音響スペクトラムに似た音のみである。持続母音や言語以外の情動的な人の声や自然音、邦楽器音の多くは非言語脳で処理される。

(2)　これらの音の処理は下意識的に行われ、本人には意識されない。サンプルとされる音は、検査にさいし、約二〇分の一秒ないし一三分の一秒の短い断続音として与えられるから、被験者が邦楽器音か西洋楽器音かを聞き分けることは、きわめて稀であり、虫の鳴き声や波の音も、定常な部分をえらんで短時間に提示されるから、ホワイト・ノイズと同じように聞え、虫の鳴き声や波の音と意識されることはない。にもかかわらず、日本人の場合、母音アの持続音と音色がよく似ているヴァイオリンのAの音は右の脳で処理され、ことばのアの音は左脳で処理される。西洋楽器の木管の音と似ている篠笛の音をはじめ邦楽器の音は左脳、フルートをはじめ西洋楽器音は右脳で処理される。実験のために断片化され、ホワイト・ノイズのように聞えるこおろぎの鳴き声や波の音は左脳、本来のホワイト・ノイズをはじめ機械音や単一純音は右脳で処理される。

(3)　こうした現象をひき起す原因として角田氏は、日本語においては母音が単独で意味をもつ場合が多いこと(「え?」「え…」「絵」「柄」「江」「餌」「会」など)を上げている。ポリネシア語は、母音の音韻構造が日本語とよく似ており、日本語と同じようにaiueoの五つの母音すべてが単独で意味のある語を構成するが、ポリネシア人の音処理の仕方は、日本人と同じである。ところが同じアジア人とはいえ、朝鮮人、中国人、インド人、インドネシア人、タイ人、ヴェトナム人は、これまでの調査のかぎりでは西欧人型の音処理機構をもつという。その原因は、それぞれの言語のなかで母音が占める位置と価値に関係しているのではないかと角田氏は推測している。

以上の三点がもつ意味について考えてみよう。世界のなかで身が中心化し、自己を組織化することは、身が世界に開かれ、世界とかかわる関係化によって可能になる。したがって身が世界によって分節化されつつ、身をもって世界を分節化する〈身分け〉が、世界との関係の根源的な事態であるのは当然であろう。人間の場合、世界はすでに文化的世界であるから、さきにのべたように身は文化によって分節化されているのであり、(1)は〈身分け〉が丸山氏のいう〈言分け〉によって深く浸透されていることを示している。しかも身の文化的分節化は、われわれが自覚しない脳のはたらきの分節化のレベルにまでおよび、左右脳のはたらきの具体的な分節化と音世界の分節化は、先天的に決定されているわけではない。(1)と(3)が示すように、大部分の人で一方の脳(ふつう左脳、逆転型では右脳)が言語脳となるのは、遺伝的に決定されているとしても、ことば的音世界と非ことば的音世界を分節化し、〈言分け〉の〈言〉の具体的な領野を分節化するのは、遺伝ではなく、後天的な言語環境である。

そして(2)が示すように、この分節化は、意識以前のレベルで行われる。ここには前認識的な世界と身の相互分節化があり、これも広義の認識(身知り)であり、さし当っては単なる対応以上には出ないとしても、意識レベルの狭義の認識が、意識以前の向性的レベルの身分けの構造によって、受動的に基づけられていることを示している。それと同時に向性的レベルの身分けの構造もまた、生得の生理的分節化にとどまるものではなく、言語その他に仲だちされた意識的・志向的レベルの分節化によって、すでに拘束されているのである。こうした相互的拘束をあきらかにするには、直接的認識の方法だけでは不十分であり、それ自身仲だちされた方法を介する間接的認識の方法を必要とするのである。

対他的〈身分け〉の分裂

身の構造の感応的同調ないし対応は、志向的統合のレベルと向性的統合のレベルでは、かならずしも構造的に一致するとはかぎらず、時間的にずれたり、一見無関係であったり、相反したりする複雑な二重性ないし多重性を示す。前項で扱ったのは、前コミュニケーション・レベルとコミュニケーション・レベルとのあいだにみられる二重性であったが、もう一つのケースは、コミュニケーション・レベルとメタ・コミュニケーション・レベルとのあいだにおこる二重性である。

この場合、メッセージは二重化され、一方のメッセージの意味は明瞭に指示されるが、他方のメッセージの意味は暗示的に、あるいは伴示的に示されるにすぎない。それは多くの場合多義的であり、受け手は前意識的に、あるいは抑圧され無意識化した形で、メッセージを受けとる。しかも事態を複雑にするのは、そのさいメッセージの送り手自身も、自分が発している第二のメッセージのかくされた意味は、意識していない場合が多いことである。このメッセージの二重性は〈身分け〉の構造に深い影響をおよぼす。そのもっとも深刻なケースが、二重拘束性《ダブル・バインド》コミュニケーション（ベイトソン）(7)の場合であるのはいうまでもない。

そこでは概念的コミュニケーションのレベルにあるメッセージと、声の調子のような非概念的コミュニケーションのレベルにあるメッセージ、身振りや表情のように非言語的コミュニケーションのレベルにあるメッセージが、相互に否定し合う自己矛盾的な内容をもっている。しかも受け手（幼児）は相手（多くの場合、母親）に致命的に依存しているため二重拘束的状況から逃げることができず、また二つのメッセージの階層のちがいを〈身分け〉ることも禁じられている。したがって受け手は、自己欺瞞的な〈身分け〉におちいざるをえない。すなわち無意識のうちに身の多次元性を抑圧して、一方の命令だけを受け入れ、身のかかわりを一次元化するか、すべての身のかかわりを拒否して自閉する、あるいは逆に〈身〉そのものを多極分解し、人格分裂あるいは人格崩壊にいたることによって、二重拘束をのがれようとする。これらはいずれも身の多次元的な統合の破綻においてパラドックスをさける試みであり、本人には意識されない。

対他的身分けのさいしょにあり、その基本的な構造を大きく規定するのは、家族ことに母親との関係である。乳幼児期に心理的な母親喪失《マターナル・デプリヴェーション》（現実的喪失も心理的意味をもつ以上、もちろんこのうちに含まれる）を経験した子どもが、微笑や呼びかけや泣き、他者にたいする愛情や攻撃、言語をはじめとするコミュニケーション行動など、社会行動の面でさまざまの欠陥や消極性や発達のおくれを示すことはよく知られている。類似の現象がより拡大した形でみられる分裂病や幼児自閉症の場合、それが幼児期の心理的母親喪失の結果であるか（「従順な手のかからないいい子」）、原因であるか（「抱いてもしっくりこない子」）はまだあきらかではないが、いずれが原因にしろこの型の対他的身分けは、発達の過程で循環的に母子双方に相乗作用をひき起こし、原因－結果を確定することは困難になる。

対他的な身のかかわりにおいては、関与者のいずれかにコミュニケーション行動の歪みがみられるとすれば、相手の行動にもそれと組み合わされた歪《インター・ロック》みが生じ、その相互関係がエスカレートする可能性は高いのである。このような対他関係の組み合わせ、身と身のさまざまのレベルでの入り交いが、対他的な身分けの基本となる。そして志向的レベルから向性的レベル（前意識、無意識、非意識をふくむ）にまでいたる身分けの構造化をひき起こす。しかもそれぞれのレベルの構造は、たがいにかかわりながら相対的な自律性をもつのである。

二重拘束《ダブル・バインド》が成立するのは、主として母親との関係においてであり、心理的な母親喪失と共通点をもっているが、さらにそれは喪失しえない喪失であり、拒否ではないものとして示される拒否である。この点で二重拘束はより逆説的な構造をもち、そのうえ二重性は意識にはかくされ、抑圧されている。そのかぎり二重拘束を解明するには、他者による分析という媒介を必要とするであろう。まず二重拘束《ダブル・バインド》的な状況が生まれる基礎条件はつぎのようなものである。

二人あるいはそれ以上の人がいて、その一人が二重拘束の犠牲者となる。二重拘束は母親からうけることが多いが、父や兄弟姉妹との組み合わせによってもたらされることもある。重要なのは、犠牲者が、拘束者の送るメッセージを正確にみわけて、適切に応答することが致命的に重要だと感ずるほど拘束者にたいして緊密な依存関係にあることである。生きてゆくのに不可欠なくらい緊密な依存関係にある一人または複数の関係者から、二つの次元《オーダー》にまたがるメッセージが送られ、犠牲者は二つのメッセージのいずれにも従わなければならないが、この二つのメッセージは、相互に否定し合う矛盾したメッセージなのである。

犠牲者がその世界を二重拘束的なパターンの下で知覚するようになると、これらの構成要素のすべてがあらわれる必要はない。その一部があらわれるだけで、犠牲者はパニックに陥ったり、荒れ狂ったりする。こうした状況の下で、犠牲者は、メッセージの次元ないし階型をみわける能力に破綻をきたす。というのも犠牲者は、メッセージの次元をみわけ、メタ・コミュニケーション的な判断をしたり、それを口に出したりすることが禁じられているからである。もちろん口頭で禁じられているわけではないが、幼児は致命的な依存関係にある母親から見捨てられるのを恐れる。破綻は、これらの諸条件の結果であるが、犠牲者は、弁別能力の破綻によって二重拘束のうちにとらえられるのだから、原因でもある。

こうした条件をそなえた二重拘束的な家庭状況のなかでは、たとえばつぎのような事態が生ずる。第一は母親の敵対的なあるいは身をひく行為であって、子どもが母親に近づくといつも起こる。第二は見せかけの愛情の行為ないし接近の行為である。これは、子どもがかの女の敵対的な身をひく行為に対応して、抱きつくのをやめたり、引きさがったりしたとき、母親は自分が身をひいていることを否定することをめざしている。かの女の愛情をあらわす行為は、自分の敵対行為にたいする償いなのだから、敵対行為へのコメントであり、メッセージについてのメッセージとして次元がことなっている。ところがこのメッセージは、その本質からして敵対的に身をひくメッセージの存在を否定しており、しかも次元のちがいはかくされている。

こうして二重拘束的状況におかれた子どもは、もし母親との関係を維持しようとするなら、母親の二重のコミュニケーションの次元のちがいをとらえてはならないし、二つの命令の矛盾をみぬいてはならない。つまり子どもは、メタ・コミュニケーションの把握を系統的にゆがめなければならない。もし子どもが母親のメタ・コミュニケーション的な信号を正確にみわければ、かれは母親が自分を望んでおらず、同時に愛情を示す行為によって自分をだましているという事実に直面しなければならない。しかしそうすれば子どもは、メッセージの次元を的確にみわけることを学んだがゆえに罰せられるだろう。母親の怒りや嫌悪をまねくだろう。だから子どもは母の欺瞞をみぬくよりは、母親のことばを受け入れようとする。かれは母親の欺瞞を支持するために、自分の内的状態について自分自身をあざむかねばならない。他者の二重拘束的なかかわりを受け入れることは、自己を自己欺瞞的に身分けすることにほかならない。これはまさに抑圧の構造である。要するに子どもは母親が表現することを的確にみわけたために罰せられ、かつ的確にみわけなかったために罰せられる。かれは二重拘束《ダブル・バインド》のうちにとらえられたのである。

ベイトソンは、子どもがこの状況から真にのがれることができる唯一の道は、母によってそのうちにかれが置かれた矛盾した位置について批判《コメント》することであるという。しかし幼児にはコメントすること、すなわちメタ・レベルに上ることはむずかしいし、もしそうすれば、母親はこれを自分が子どもを愛していないという非難と受けとって、子どもを罰し、お前はひねくれているというだろう。要するに、二重拘束的な家庭状況においては、もし子どもが母親の見かけの愛情に反応すれば、母親の不安をひき起こし、母親は子どもの親《ちか》しさから自分を守るために思わず身をひいたり押しのけたり、身体をこわばらせたりするだろう。さもなければ自分自身の不安から自分を守るために、子供の素直な感情の吐露をわざとらしい見せかけであると主張し、子供が身をひけば、ひねくれた子ね、と言ったりする。子どもは母親のみならず、自分自身のメッセージの性質についても混乱させられざるをえないのである。

その結果、子どもはコミュニケーションについてコミュニケートする能力に習熟しないまま成長し、人々が本当は何を意味しているかを把握することも、また自分が真に言おうとしていることを適切な仕方で表現することもできなくなってしまう。ところがコミュニケーションについてコミュニケートし、自分自身や他人の有意味な行動についてコメントすることは、正常な社会的《ソシアル・》交通《インターコース》にとって不可欠なのである。こうして子どもは、母親との親密で安心できるむすびつき（エリクソンのいう〈基本的信頼〉）をさまたげられる。

しかし考えてみれば、この種の状況は、前‐分裂症者とその母親のあいだに起こるばかりではなく、正常な関係にあっても起こるであろう。親が子どもに二重拘束的な発言をすることはめずらしくない。それどころかベイトソンによれば、バリ島の育児文化では、これがしつけの一環としてもちいられさえする。ただふつうの場合は拘束がそれほど強くなく、抜け道があり、誰か他の人(祖父母や叔父・叔母、父や兄弟)が支持してくれたり、親の発言についてコメントしてくれるのである。二重拘束的な状況にとらえられると、ふつうの人でも分裂病者によく似た仕方で防衛的に応答する。たとえば分裂病者は、矛盾したメッセージに直面しながら矛盾についてコメントすることができず、しかもどうしても答えねばならないと、メタファー的なことばを文字どおりにとったり、逆に物事をメタファー的にとったりする。また自分は誰か他の人間であるといはり、どこか別の場所にいると主張したりする。メッセージの多次元性をみわけるかわりに、身そのものを多極分解すれば、二重拘束のディレンマからのがれられるからである。

これはコミュニケーションの多次元性を次元の削除によって一次元化し、あるいはメッセージを受けとる身を多極分解することによって、メッセージの二重性をなくし、二重拘束をのがれる試みといえよう。それは社会的交通の多次元性と、多次元的かかわりにおいてある身の構造をおおいかくすかぎり、病的なものとなりうる。これらはいずれも自己欺瞞を含んでいるが、人は眠り込むように自己欺瞞に吸い込まれるのであって、それを意識化し、反省することは難しい。それを可能にする反省を浄化的反省(サルトル)と呼んだとしても、そのような反省が禁じられているからこそ、患者は二重拘束にとらえられ、自己欺瞞的な分裂におちいるのである。ここでもまたわれわれは直接的認識の境界域にいるのであり、患者にとっては他者の眼(治療者)、治療者にとっては他者〈患者〉の表出という仲だちを介した〈間接的認識〉によって、意識に直接与えられた現象を批判する浄化的還元が必要になるのである。もちろん直接的認識を拘束するものはここに上げた例だけではない。さまざまの拘束と拘束の仕方がありうるが、それらの検討は今後の課題である。

4　比較による認識

序章でのべたように、テイヤール・ド・シャルダンは、無限大と無限小という量的な尺度のほかに、複雑性というもう一つの尺度を上げた。地球科学者の松井啓典氏は、ものごとは極大に行なっても極小に行なっても、非常に単純化される。宇宙の誕生は、素粒子の誕生と同じくきれいな数学だけで書ける。それにたいして中間圏は、スケールは大したことはないが、複雑さという点では、これ以上複雑な現象はない。このような多様な系のインターラクションで成り立っている。そういう中間スケールの方法論は、今までの自然科学の方法論にはなかった、とのべている。(8)

テイヤール・ド・シャルダンは古生物学者、考古学者である。古生物学や考古学の一番基本的な方法は〈比較〉である。かれは宇宙の存在を比較することによって、中間圏の独自性に気づき、中間圏の存在と極大および極小のスケールの存在を比較することによって、中間圏の特性として

〈複雑性〉をみいだした。

〈比較〉という方法は、一見単純にみえる。そのうえ本質的に相対的な方法であり、絶対的確実性を求める哲学の志向と合わなかったのであろう。哲学の領域では、あまり重視されてきたとはいえない。たしかにゲーテの形態論から生物の分類学に至る線上で、〈比較〉は重要な位置を占めてきた。さきに直接的認識でとり上げた〈異類変更〉自体、一種の比較をとおしての直観といえよう。それどころか中世のアナロギア、さらに近代にアナロジーと対比して用いられるようになったホモロジー自体、ジャンルによって多少意味を異にしながらも、一見ことなってみえるものに共通性を見いだし、一見同じにみえるものに違いを見いだす〈比較〉の方法であった。

〈比較〉は出発点にしろ、帰結にしろことなっていることが、要点である。したがって出発から帰結までのプロセスは、リニアーには進まない。むしろ事態をますます錯綜させるのである。一九世紀から二〇世紀にかけて急速に発達した文化人類学や進化論や惑星科学が、すべて〈比較〉を基盤におき、最近までは、いや現代においてさえ、これらの科学が厳密論者から、科学であるかどうか疑われているのは興味深い。しかしたいていの学際的研究は、比較を出発点においているのである。

厳密論者は理想状態を考える。それはいわば論理的に斉合した世界といえるだろう。たとえば検証理論を考えてみよう。検証は、もし仮説pが成立するならば、観察命題q（q_1、q_2、q_3

……）が導き出される。観察の結果、q_1、q_2、q_3……q_nが確かめられれば、仮説pは成立する。たいていの科学者は荒っぽくいえば、こういう考え方で仕事をすすめている（現実にいえば細かな条件があることはいうまでもない）と思うが、厳密論者には、この方法論は居心地が悪い。

なぜならこの推論は、論理的には「後件肯定の虚偽」というあやまった推論形式だからである。そこで反証理論が持ち出される。仮説pが成り立つならば、観察命題q（q_1、q_2、q_3……）が導き出される。ところがqが成立しないことが分れば、たった一件の例でも、仮説pは否定される。じっさいは実験や観察のあやまりや誤差があり、また仮説pは、より包括的な理論の一部であったり、他の法則群とむすびついているから、たった一つの反証例で仮説pが否定されることはないが、理論的にはそうである。pならばq、しかるにノンq、ゆえにノンpは正しい推論だからである。つまり科学は検証によって進歩するのではなく、反証によって、誤った仮説を排除することにより進歩する、ということになる。これは斉合的である。しかしそれが科学者にとって実際上どんな大きな意味があるか、私にはあまりよく分らない。

第二の問題は、q_1、q_2、q_3が有限であり、それを全部枚挙できればいいが、それは事実上不可能であり、また方法としての発見的意味も乏しくなる。したがって有限の事例から法則（全称命題）を引き出すことになる。松井氏は、非常に単純化した状況の下では「pならばq」のユニークネス（唯一それしかないということ）は自明であるが、地球や生命のような中間レベルの複雑な現象では、自明でない場合がいくらもある、といわれる。しかしこの単純化した状況のもとでのユニークネスを支えている単純な自然物の斉一性自体も、厳密論者にいわせれば、方法的には経験からの帰納であるから、「論点先取の誤まり」だということになるだろう。

しかし厳密論者は、科学が本来経験科学であり、もっぱら論理的厳密さの上に成立し、論理的厳密さを追求するものではないことを忘れている。科学もまた広い意味での実用（有意味性）の学であり、論理的厳密さが、無意味レベルに達する場合があることを考慮しなければならない。

もう一つの問題は再現性である。個人の人生や、集団の歴史が、いつ、どこでも、誰でもが、追試し、検証できるという再現性をもたないことはいうまでもない。生物進化論や天体進化論についても同じことがいえよう。これについて松井氏は、同じ人間の歴史は追えないし、個々の星の進化についても再現性はない。しかし生物はいろんな進化をくりかえして、さまざまの例を残している。また進化のいろんな段階の星が宇宙にはあるから、一つ一つの段階のものを多数見ることによって、比較検証が可能である、と主張しておられる。これは科学についての新しい考え方ともいえるし、公認の考え方だともいえる。じっさい本当に厳密に考えれば、単純な系についても、思考実験の域にとどまらないかぎり、完全な再現性は不可能である。科学は〈神の眼〉という暗黙の前提（神学）をはなれて、自らの有意味性の臨界点を考えるべき時期に来ているのではないだろうか。

その点では、哲学こそが、まさに絶対確実性という神学の夢をはなれて、異質のものとの接触と〈比較〉により、自分自身の、また哲学の歴史の思考の枠組を破ることを始めるべきなのであろう。〈相対主義の相対化〉というメルロ゠ポンティの言葉は、その意味でも、もう一度深く考え直してみる必要があるように思われる。この問題は次の「〈中間者〉の存在論へ」で再度取り上げることにしよう。

エピローグ　〈中間者〉の存在論へ
――トランス・フィジックの試み――

ゴーギャンの有名な晩年の作品に、「われわれはどこから来たのか、われわれは何ものか、われわれはどこへ行くのか」というタイトルの大作がある。これは大変古くさい問いのように見えるが、われわれのさまざまな問いは、つきつめれば結局ここへ行きつくのではないだろうか。

もちろん今日では、この問いがそのままの形で問われることは少ない。そのままの形で問うことは、あまりにも幼稚で気恥かしい感じがするからである。なぜ気恥かしいのだろう？　それはおそらくこの問い自体が、宗教とか神秘主義とか、古代インドの思想とか古代エジプト人の考え方とか、古い過ぎ去った世界観の枠組を感じさせるからだろう。近代思想は、そういう古いしがらみを否定することによって、人間を迷蒙（宿命にたいする諦めやさまざまの迷信）から解放し、ヒューマニズムを打ち立てたのではないか。

しかし現在人類が直面している問題（核の脅威はいうまでもなく、環境汚染、人口爆発、心の荒廃ｅｔｃ）が、すべて人間が生みだしたものであることを考えれば、近代思想の「知」が、「叡智」とまでは言わないまでも、はたして「知慧」の名に値したかどうか疑わしくなる。事実ゴーギャンは、まさにオーソドックス・キリスト教のみならず近代思想を疑うことによって、新天地を求めたのであるし、この問いは、今でも科学的なよそおいのもとに絶えず問いなおされている。

ビッグバンや宇宙の始まりにたいするさまざまの問いかけ、生命の起源に関する疑問や進化論的な説明――これらは「われわれはどこから来たのか」という問いとそれにたいする答えの変形でなくて何であろう。日本人の由来とか、日本語の起源論にしても同様である。これらの問いにたいする議論は、たとい難解であろうと、人々の心を惹きつけ、単なる知識欲という以上に人々を熱狂させ、それぞれのジャンルの門外漢の間でさえカンカンガクガクの議論を巻き起こす不思議さがある。

これは理性が発達し、原因‐結果という認識形式が定着してからの疑問とは思われない。物心ついたころからの疑問である。物心ついた子どもは、すべての物事に理由を求める。原因‐結果という近代的な因果律は理由律の一形式にすぎない。目的による説明もまた理由をのべているのである。

このころの子どもは「なぜ、なぜ」を連発して親を困らせる。自分がどこから来たのか、というのも、その一つである。「コウノトリが運んできた」でも子どもは満足する。そのときどういうわけか、大ていの日本の親は「お前はどこどこで拾ってきた」という。親からそういわれた経験の持主は少なくないだろう。なかには兄弟まとめて拾ってきたといわれて、深刻に子ども会議を開いたという人もある。

「せっかく産んでやったのに」、「産んでくれと頼んだわけじゃない」というのは、思春期によく起こる親子喧嘩のパターンである。「どこどこで拾ってきた」というとき、親は、セックスについての説明をさけると同時に、子どもに負い目を負わせようとしているのだろうか。拾った場所というのは、昔であれば、「橋の下」というのが一番多く、つぎに「山のなか」が多い。「橋の下」というのは、「橋の下の乞食」というイメージがはたらいていたにちがいない。ここには「産んでやった」という言葉以上に、負い目を負わせる意識がはたらいている。

この場合、親から産まれたという以上に、子どもは自分の存在根拠を親に奪われている。どういうさいに「お前は拾ってきた」といわれたかを聞いてみると、自分は「どこから来たの」と親に聞いたときと並んで、「親に叱られたとき」というのが多いのは、その間の事情を物語っている。子どもが反抗期に入って親の手に負えなくなったとき、親の最後の武器は、子どもの存在根拠をにぎることである。じっさい「お前は橋の下で拾ってきたんだから、元へもどしてもいいんだよ」ときついことを言われた人もある。もし「どこから来たのか」というのが、子どもにとって根本的《ラディカル》な疑問でなければ、この答えは大した意味をもたないだろう。

哲学は、「われわれはなぜ在るのか」「その存在根拠は何か」、さらに「われわれはなぜ在るのであって、無いのではないのか」などという、ある意味では愚にもつかない問いを発するが、その根はすでに子ども時代に始まるといっていいだろう。この哲学的な問いは、哲学者の問いではなくて、万人の問いである。われわれはすでに「在る」のだから、「在る」というところから出発すればいいようなものだが、子どもでさえそれでは満足できないらしい。

＊　＊　＊

つぎに「われわれは何者か」という問いは、いわばわれわれのアイデンティティ（自分であること＝自己同一性）に関する問いである。「自分であること」を性急に問い求めるのは、思春期であろう。それは私が、十分、自分ではないことに気づき、自分を見つめ直そうとするからである。統計的に見ても、どれほど日記嫌いの人でも、この時期にはたいてい日記を書いている。そしてその事実さえも忘れてしまう場合が大半である。それはある意味では、自分であることを恐れているからであり、他方では、そのような自己の内面のみをさぐる自己の探究は徒労に近いからである。

　自分であることがつねに確信できるような完結した自己などありはしない。自分のなかには分かちがたく他者が入り込んでいるのであり、自分を認めるには、他者の承認が必要である。子どもは他者を意識し、かつ他者から認められることによって、「自分」を認めることができる。そして自分を認めることができるようになったとき、他者としての「他者」を認めることができるようになる。古代社会や未開社会での、イニシエーションの儀式としての成人式は、そのような社会的承認の「時」と「場」であり、社会的存在としての自己確認を可能にする知慧でもあった。

　そのような両義的な（他者による承認と自己確認という）「時」と「場」を失うことによって、アイデンティフィケーション（自己証明と自己確認）の問題は、個人の肩にかかってくる。それを自分がになう社会的役割によって一時まぎらせることはできる。しかし四六歳で陸軍軍医総監・陸軍局医務局長となり、社会的な地位も名誉も得た鷗外は、五〇歳で「妄想」を書き、今日はやりのアイデンティティの問題にもう一度直面せざるを得なかった。それまでの社会的役割を失う停年退職後、長い人生を送らねばならない現代では、鷗外ならずとも、アイデンティフィケーションの問題にもう一度おそわれるだろう。

それは青年期の「アイデンティフィケーション」よりはるかに深刻な問いだろう。これは「深刻」というより、「私の人生は何だったのだろう」、「私は与えられた役割を果しただけではないか」、「私はもっと自己を確立した〈私の人生〉を生きられたのではないか」と思う反面、「いや本当にそうかな?」という自問を含む微妙な問いであり、鷗外自身その微妙さの間で「妄想」を書いているのである。またそれは「私は他者である」といった、同じくやわなランボー的主題でもないだろう。この言葉には私の他者性の認識はあっても、他者の他者性（外的であると同時に内的な）の認識はない。重要なのは、自己と他者の関係の錯綜（鷗外のいう「絲《いと》の湊合《そうごう》」）のなかにありながら、どうしようもなく他者であるものと、どうしようもなく自己であるものとにぶつかった後での、自己と他者とのかかわりの問題である。そのかかわりのなかで、私は初めて他者としての〈他者〉を発見し、自己としての〈自己〉を発見する。誤解のないようにつけ加えるが、これは〈中間〉の問題ではなく、〈中間者〉の問題なのである。

＊　＊　＊

第三の「われわれはどこへ行くのか」という問いは、端的にいえば死後の世界にたいする問いである。戦後啓蒙期にはこの関心は一時薄れたが、最近では若い世代のなかに、死後の世界や霊界に関する関心が高まっているのには、驚かされる。この問題に関する最も合理的な解決は、周知のようにエピクーロスの「死の恐れ」についての議論である。

簡単にいえば、われわれは生きている間は死に出会うことは決してなく、死に出会ったときは、それを知るわれも、それを感ずるわれもいないのだから、死を恐れる必要はない、という解決だ。これはまことにもっともだが、死の恐れの本質は、まさにその「われ」がなくなることにたいする恐れだから、その意味で死を恐れる人には、何の解決にもならない。

エピクーロスは死後の世界については、何も積極的なことは言っていない。死を経験することがない以上、当然のことだろう。ところがエピクーロスを逆手にとった本があるのには驚いた。ハウ・ツーものの一種だが、『あの世の暮し方』という本である。もし死後の世界があるなら、そこでの暮し方についてのハウ・ツーがあってもおかしくない。そして、この手の本は何を書いてあっても否定のしようがない。私はあの世で暮したことがなく、またキュブラー・ロスをはじめ、死の直前で生還した人の証言を集めた本はいろいろあるものの、あの世の生活をして戻った人が、はっきりした記憶にもとづいて書いたという確かさを保証する手段はないからである。いずれにせよこれもゴーギャンの第三の問いに答えようとする試みにはちがいない。

近代合理主義の祖といわれるデカルトの哲学は、精神と物体をはっきり分離することによって、自然学を神学から解放しようとした。これはデカルト哲学の一つの読み方である。しかしかれ自身は、かれの哲学の構想として、霊魂の不滅を証明しようという動機を第一に上げている。精神と物体が独立の実体なら、身体が滅びても、無限実体である神が精神を滅ぼそうと意志しないかぎり、精神は不滅ということになる(もちろん物体も不滅だが、物体の特定の組み合わせから成る身体は滅びる)。

クリスチャンなら最初から結論は分っているといってしまえばそれまでだが、デカルトは、霊魂不滅を証明しようとするもう一つの動機を上げている。それは一口でいえば、ニヒリズムの回避という道徳的な、つまりこの世的な理由である。もし霊魂が不滅でないなら、心の弱い人々は、自分自身を律することができないだろう。この世ですべてが終りなら、すべての道徳を無視して、刹那刹那の快楽を追求した方がいいということになる。つまりかれはニヒリズムの危機を予感していたのである。霊魂不滅ならいっそう何をしてもいい、ということになりそうだが、もちろんかれは最後の審判を当然のことと考えていたのだろう。

＊　＊　＊

この第三の問いのみならず、この三つの問いに最もよく答えてきたのは、神学、もっと広くいえば宗教である。われわれの始まり、キリスト教でいえば天地創造があり、被造物としての人間の創造があり、われわれの生があり、生の終りがある。死後も霊魂は不滅だとしても、最後の審判によって、神の国へ行ったり、行けなかったり、始めから終りまでが、ほぼ完璧に意味づけられ、根拠づけられている。神に反抗する自由さえも、がである。

もちろんキリスト教的宗教は、唯一の宗教でもなければ、唯一の解答でもない。しかしどの宗教も、ゴーギャンの三つの問いにたいする答えをもっている。じっさいゴーギャン自身、キリスト教的な答えに満足できなかったからこそ、キリスト教からいえば異端であり、より原始的な(といわれる)宗教に解答を求めたのであろう。

無からの創造、神の子キリストの生誕、原罪のあがないとしての十字架上の死と復活、最後の審判、という起承転結のはっきりしたオーソドックス・キリスト教に比べて、はるかに起源が古く、オルフォイス教にも、キリスト教にも、仏教にも痕跡を残している考え方に、輪廻転生の思想がある。おそらく古代オリエント文明やインド文明に起源をもつこの思想は、もう一つの徹底したゴーギャンの問いにたいする解答であろう。

さきにのべたように、もしデカルトのように精神と物体(身体)の二元論に立ち、両者が実体であるとすれば、神が被造物の取消しを意志しないかぎり、両者ともに滅びることはない。しかし身体は物体にはちがいないが、物体がある特殊な組み合わせをとったものであり、そのかぎり、生命体として霊魂を宿すことができる。したがってこの特殊な組み合わせが解体すれば(死ねば)、霊魂は身体を離れて存続し、身体は単なる物体に解体され、物体として存続する。

一見して分るように、この霊魂不滅論は、キリスト教の神学の一翼をになうことができるとしても、ニヒリズムを防ぐことはできない。いやニヒル(虚無)の思想を防ぐことはできるが、デカルトが望んだように、道徳上のニヒリズムを防ぎ、道徳を支えることはできない。むしろ安んじて没道徳であることができる。まさに「神がなければ、すべてはゆるされる」。デカルトの霊魂不滅論は当然のこととして、「最後の審判」を前提しているのである。

それにたいして、「輪廻」思想は、神なしにニヒリズムたいする防波堤となり、かつ道徳を支えることができる。明治以前の日本人は、能や歌舞伎をみても分るように、あきらかに他界を信じていた。今なお「彼岸」という言葉や「お盆」「迎え火・送り火」といった日常の行事のなかに、はっきり意識されなくても他界の思想は残っている。「袖ふり合うも多生(他生)の縁」という言葉には、輪廻転生が明瞭に示されている。輪廻転生を不合理と感ずるようになってから、「袖ふり合うも多少の縁」と解する意味をなさない誤用が生まれたのである。

古代人はいうまでもなく、最近まで日本人は多重の世界に生きていたのである。それが一元尺度化され、一重の世界になったのは、ごく最近のことだといえよう。寺山修司の演劇は、つねに多重世界を問題にした。かれは多重世界を演劇的装置(仕掛け)として使うことによって、われわれが一重世界に生き、一つのパースペクティヴからしか見られないという事実を示すと同時に、われわれが幾つものパースペクティヴを持ち、かつ多重世界に生きているという現実をも示したのである。しかもそれを、西欧のメタ・フィジックに代表される超越論的なメタを徹底的に拒否する〈横ずれ〉のメタによってなしとげたのである。

＊　＊　＊

「輪廻転生」は、一種のメタ思想である。しかしそれは「神の審判」なしにモラルを支える。その意味では、故川田熊太郎氏が、仏教を、メタ・フィジカではなくて、メタ・エチカだと言われたのは、意味深い。これは仏教だけではなく、東洋思想、あるいは古代思想一般について、そういえるかもしれない。そこには神学と哲学、哲学（メタ・フィジック）と自然学ないし科学（フィジック）、あるいは哲学と倫理の区別にあたるものは、はっきりした形ではみられない。

ユダヤ教やキリスト教が、古形では輪廻転生を認めたかどうかと同じく、仏教が輪廻転生を認めたかどうかも微妙である。仏教もまたさまざまのセクトに分かれ、また大衆化の過程で変化が起こるからである。輪廻思想は人間の業《カルマ》（行い）が次の生へと持ち越されることを認める。逆に今生もまた前生（前世）の行為の結果である。「身まかる」も無に帰することではなく、次の世へまかり移ることである。俗化された仏教用語でいえば、「因果応報」ということである。そのかぎり「神の裁き」なしに、道徳を支えることができる。

しかし仏陀は、その永遠の「輪廻の輪」から解脱することを説いたのではなかったか。そこに、在来のインド思想とのちがいも、インドに土着することが難しかった理由の一つもあるのではないか。じっさい仏教のなかの実体否定、つまり「空」とか

「無我」の思想を徹底すればそうならざるをえない。「空」についてさえ、「不空」とか、さらに「非非空」……と否定が重ねられてゆくのだから。その点では、原始仏教は、「色即空、空即色」から、「すべてよし」として即安心に向かう、境涯禅、心境禅ではなかったはずである。

「一切皆空」ならば、輪廻すべき何者もなく、「空＝色」の悟りに達すれば、われわれは輪廻の業《カルマ》からも解脱できるはずである。しかし現実には日本の仏教諸派でも輪廻にたいする考え方はちがうようである。浄土系では地獄絵を飾ったりするから、輪廻転生が信じられているのだろう。キリスト教でも大衆化、土着化の過程で地獄や因果応報の考え方があらわれ、またそれにたいして「神の国」「地の国」は人間のおもんぱかりや行為と関係なしとする浄化運動が生れたことは、周知のとおりである。

日本の仏教でも、仏法守護神の一つとされる韋駄天や聖天、毘沙門天、大黒天、弁財天、吉祥天（天のつく神様は、元来ヒンドゥー教の神々である）はじめ、不動明王、愛染明王などヒンドゥー系の神々が祭られることがあるから、輪廻思想が入っていないとは考えられない。ただ禅宗の場合は、空思想（無我観）が強調されたから、輪廻思想は諸派のなかで最も弱いといえよう。

中村元氏によれば、釈尊自身は、インド人一般に自明のこととして（デカルトにとって「神の審判」が自明のことであったように）、輪廻転生を認めていたという。ただ釈尊は無我を説くのであるから、同一の我あるいは魂の転生ではなく、業（とくに渇愛や煩悩）の力は一回の生存を超えて持続すると考えたのだとされる。

仏陀の関心は、無我の実践という道徳的意味にあり、形而上学的実体としての魂の存在は想定しなかった、あるいは関心がなかった。つまりそのような形而上学的談議は、実践的には意味のない論争のための論争に終ることを知っていたので、魂の存続については沈黙を守ったのであろう。その意味でも、仏教をメタ・エチカととらえるのは興味深い。仏教に比べて、現世により重点を置いたといういちがいはあるものの、初期儒教がメタ・フィジックを否定し、それを無用なものとみなしたのと軌を一にしている。

＊　＊　＊

これらの宗教的な世界観は、全体のなかでわれわれがどういう位置にあり、どういう意味があるかという問い、つまりゴーギャンの三つの問いに答えてきた。しかし科学思想が浸透するとともに、「霊魂の不滅と神の審き」も、「輪廻転生」も信ずることが難かしくなり、迷信として退けられる。「いま・ここ」だけが関心の的となり、自己についても、「何者か」ではなく、「何か」だけが、問題となる。

こうしてすべてが科学的世界観に一次元化されてゆくように見えるが、さきにものべたように、ビッグバン、地球の誕生、生命の起源、進化論、人間の始まり、日本人のルーツ、日本語の起源、人類の終末、地球の終り、宇宙の最後といったテーマになると、多くの人が異常に熱狂してしまう。これを見ると、ゴーギャンのテーマが科学的なよそおいのもとに根強く再現しているのがわかる。科学主義の時代であった一九世紀末から二〇世紀の初めにかけて、「自然における人間の位置」とか、「宇宙における人間の地位」とかいった書物がくりかえし、あらわれたのも、われわれが自然や宇宙のなかであるべき位置を占めていないのではないか、という疑いがあらわになったことを示している。

それを端的に示すのが、サルトルが人間にあたえた「余計者《ドウ・トロ》」という表現である。人間とは「何か」ではなく、「誰か」を問う実存哲学は、科学主義という信仰が生んだ鬼子だとさえいえよう。科学はわれわれが何者か、何のために生きているのかに答えはしない。科学は分析と綜合によって、部分から全体を理解し、再構成できると考えたが、その論理からは、意味や価値の問題はすっかり抜け落ちている。というより科学は、意味や価値を排除することによって成立したのだから、再構成された全体に、意味や価値があるはずはない。

それでよかったのである。科学が神学から自分を分離したとき、科学は意味や価値を神学にあずけた。二重真理という分業体制である。ニュートンは自分を無神論者であるなどとは、思ってもみなかった。神の栄光を、また自然の創造という神の御業をたたえていると考えていたのである。科学は神学の後ろ楯を無視したが、暗黙のうちにそれを前提していたからこそ、安んじて意味や価値の問題を排除することができたといえよう。

「神は死んだ」といい、「人間は死んだ」といい、「意味は死んだ」といっても、それは近代西欧文明が自ら作り上げたカルタの城を解体せざるをえなくなったというにすぎない。他の文化や他の生物からみれば、近代西欧文明や、それに追従した現代の文明は、自らの播いた種を刈りとっているというにすぎない。それに追従しなかった他の文明や生物をも巻き込みながら、である。しかし征服者は被征服者の文化によって教化され、後なるものが先になる、というのが長期の展望で見た歴史の教訓である。

＊　＊　＊

近代西欧思想をのりこえる試みのなかで、一種科学的な装いをとりながら、神学的な世界観に近いものをあたえたのは、ホロニックな思想であろう。これには多様なタイプがあるから簡単にはまとめられない。共通するのは、部分もそれ自体全体である、あるいは全体を宿している、あるいは全体を映している、という思想である。これは神秘主義にかなり共通した考え方であるが、一つの典型を理論化したのは、ライプニッツであろう。

ライプニッツは周知のとおり、基本単位(アトムに当るもの)をモナド(単子)と呼んでいる。これは全体－部分の部分ではない。部分は全体を映さないが、モナドは全体を表出する。それも他のモナドとの関係の束として映すのではない。ライプニッツによれば、モナドには窓がない。窓なしに全体を映しだすのだから、相互関係によって共同体的全体を内蔵するのではない。しかしモナドの性質ないし位階によって、全体を映しだす明瞭さはことなる。神のモナドは完璧に全体を映しだすのにたいして、物質のモナドは微小知覚(プチト・ペルセプシオン)しかもたないから、不明瞭にしか宇宙を映しだすことができない。人間のモナドはその中間にある。

この考え方に新しい光をあてたのがホログラフィーである。ホログラム(ホログラフィーのフィルム)は、たとえその一部分をとっても全体像を復原することができる。もちろん部分が小さければ不明瞭に、大きければ明瞭に。ライプニッツのモナドは、ホログラフィーのように視覚像だけを映しだすわけではないし、文字どおり世界の全体を映しだすわけだから、ホログラフィーとの類似は比喩的なものにすぎない。しかしある構造的な類比がみとめられることはたしかであり、ホロニックな理論は、この類比を拡大し、延長するのである。

部分は単なる部分ではなく、全体を内蔵する。もしこの考え方が成り立てば、人間あるいはその他の存在すべてが、有限であり、相対的だとしても、それが全体を宿しているという意味では、ある種の無限性と絶対性をもち、この宇宙のなかであるべき位置を占め、確固とした存在意味をもつ、ということになる。このような考え方は、仏教の華厳経のなかにもあるし、ブレイクの詩のなかにも見られる。

事実、原始的な生命体の場合は、それを切断しても全体が再生するから、そういう現象があることは否定できない。トカゲは自ら尻尾を切り放しても、尻尾はまた生えてくる。人間のレベルでさえ、小さな傷は元どおりになる。全体論がたえず生物学に拠りどころを求めたのは当然のことといえよう。人間の脳でさえ、厳密な局在性はなく、ある程度、機能代替をすることができる。しかし人間の腕は切断されれば再生しない。除脳動物のように、脳のすべて、あるいは皮質のかなりの部分を除いても、あるレベルまでの生物は生きてゆけるが、人間の場合は生きていけない、という統合のレベルのもつ意味のちがいがある。

＊　＊　＊

ライプニッツの場合、それぞれのモナドはことなった仕方、ことなった明瞭度で世界を映しだす。これは、モナドはパースペクティヴをもつということである。したがってその世界像が全体性をもつためには、コミュニケーションによって、その差異が調整され、共同的な世界像が形成されなければならない。しかしライプニッツのモナドには窓がないのだから、コミュニケーションは不可能である。にもかかわらず全体を映しだすというのは、神によって前もって確立された全体の調和(予定調和)が前提されているからである。ホロニックな世界観も、表には出ないものの、こうした予定調和の神学を密輸入していないかどうか、検討してみなければならない。

第二の考え方は、歴史的全体論ともいうべきものである。ライプニッツの全体論が、本質的には無時間的であるとすれば、こちらは部分が時間のなかで、必然的に結合して全体を実現すると考える。一八世紀以降の進歩主義やユートピア主義は、基本的にそうした発想に立っている。予定調和は時間の次元を越えているが、ここでは時間の延長上に調和した全体が想定されている。理想の王国は必然的に実現されるのである。

そのかぎり、「いま・ここ」にある部分的現実にも、実現過程としての意味と価値が与えられる。意味と価値は、未来の全体から逆流してくるのである。

この先取りされた回顧的な見方は、ベルクソンが指摘したように、決定論となる。理想の王国は必然的に実現する。ヘーゲル的思考が典型的に示すように、その過程にみられる自由は実はトリックであり、部分は全体を実現するための手段にすぎない。「終りよければすべてよし」であって、過程は、手段として、未来の全体から逆流する意味以上の価値をもたない。この構造は、逆説的に、実現されるべき理想の王国の構造に逆流する。これまで構想された理想の王国《ユートピア》が(SFを含めて)、全体主義と管理社会のイメージに酷似しているのは、部分が全体に隷属し、過程が結果に依存しているからである。

＊　＊　＊

ユートピア主義は、人間の生に意味を与えるように見えながら、実は生を部分化し、手段化し、無意味化するというニヒリズムを内包している。サルトルが指摘したように、そもそも実現するという保障がないから、実現する必然性をうんぬんするのである。その待っているものが来ない、到達すべきところへ到達しない、という感覚は、二〇世紀になるとますます強くなる。ベケットの『ゴドーを待ちながら』でも最後までゴドーは来ない。カフカの『城』では、技師は城へ行こうとしながら、結局城のなかへ入れない。この待ちくたびれ現象は、ユートピア主義が内包していたニヒリズムを顕在化し、人間はつまるところ無意味な余計者にすぎない、生は徒労にすぎないという感覚を肥大させる。

第三のタイプはこの逆転型といえるだろう。むしろこの方が時代的には古い。「終りよければすべてよし」にたいして、「初めにすべてありき」という考え方である。ある原型があって、それが生成し、展開すると考える。ユートピアは未来ではなく、過去におかれる。いわゆるユートピア思想(第二)が発展型だとすれば、これ(第三)は展開型だといえよう。原型のなかにすべてが含まれていて、それが展開する。一時、遺伝子のなかにすべてが含まれていて、その表現型や行動型さえも遺伝子によって決定されている、という科学的な装いをとった考え方があったがこれもそのたぐいである。そのさい、原型に内蔵されている以外のもの、たとえば経験や環境が、原型が展開する機会や機縁としてどのくらい重要なはたらきをするかという点については、考え方のちがいがあるとしても、原型からの必然的な発現という点では大した差異はない。

アリストテレスの場合、潜勢態(荒っぽい比喩でいえば「種子」)の方から考えれば、潜勢態に含まれる可能性が現実化して、現勢態(「双葉」や「若木」など)となり、完成態(「大樹」)となる。しかし完成態の方から考えれば、それは潜勢態のもつ可能性を現実化するよう引き出すのだから、第二の考え方と第三の考え方との間にも、それほど大きなちがいはない。

第二と第三の考え方は、全体と部分の関係を考える場合に、時間(生成)の要素を考慮している点が第一の考え方とことなっているが、両者いずれの場合も、時間は全体と部分の関係に本質的には食い込んではいない。その意味では、第二、第三の考え方は、結局第一の考え方に帰着するのではないだろうか。

* * *

ところでベケットの『ゴドーを待ちながら』について鈴木忠志は、ゴドーを待っていても、ゴドーも誰も来はしない。ただおしゃべりが来るのだ、と言っている。これはある意味で聖書のたどった状況によく似ている。聖書には、神の裁きが明日にでも来るような切迫した息づかいで、「心せよ」と書かれている。しかし待ち受け、怖れている神の裁きが一向に来ないとなると、聖書の再解釈が行われる。神の裁きは、この世の時間の未来に来るのではなく、超越的な次元から刻々裁きが下されているという考え方である。もちろんベケットや鈴木忠志の場合は、「最後の審判」があるわけではないから、問題の性質はことなる。両者の場合は、最後のクライマックスに向かって劇が構成されるのではなく、おしゃべりが来ることによって劇が成立している。プロセス自体がドラマ(行為)なのだ。

第Ⅲ章でのべた中間的存在の在り方もまたプロセスそのものではないだろうか。われわれはつねに中間から出発して全体化してゆく。あらかじめ立てられた全体へ向かって完結するのでもなく、全体を含む原型を展開するのでもない。不均衡であり、たえず偶然の外的要素によって攪乱されるからこそ全体化へと向かう動的均衡である。その意味で中間者はたえまない生成のプロセスにある。

われわれは自己組織化なしには存在しえない。われわれは一瞬一瞬、他なるもの、異質なものに出会い、解体の危険にさらされつつ、全体化している。私が自己自身にかかわるときでさえ、私は他者としての自己を発見して驚くのだ。このような相互作用のうちにあるからこそ、自己組織化は動的均衡という、相対的な安定と不安定のなかで、新しいものを作りだし、自ら新しいものになってゆく。ここには全体化へと向かう中間者はあるが、初まりとして、あるいは結果ないし目的として予定された全体はない。

　こうした相互作用的な自己組織化をとおして全体化するものを、〈断片〉fragmentと呼びたい。これは私が〈錯綜体〉implexと呼ぶものと別のものではない。現実的かかわり、潜在的かかわり、可能的かかわりにおいて、生起するものが、関係的存在としての〈錯綜体〉であり、〈断片〉である。したがって私は〈断片〉fragmentsを積極的な意味に、〈部分化〉fragmentationを否定的な意味に、〈全体化〉to making a wholeを積極的な意味に、〈全体〉wholeを否定的な意味に使っている。全体は全体化の過程を止め、固定化したものにほかならない。

＊　＊　＊

　ジャン＝ジャック・ベネックス監督の『ディーバ』という映画がある。そのなかで大きなロフトに住む正体不明の男が、巨大な壁いっぱいに嵌め絵を作っている。それは、どうやらとてつもなく大きな波らしい。嵌め絵というのは、完成図が決っているのがふつうである。その意味では決定論的といっていい。しかしこの男の作っている嵌め絵は、最後の図柄が決っているようにはみえない。嵌め絵というよりは、モザイクといった方がいいかもしれない。そのように最後の図柄は決定していなくて、断片がその未完結性によって、さまざまの断片を、相互に呼び込み、あるいは意図的ではない〈引き込み現象〉(清水博)が起こるのが、われわれの現実ではないだろうか。

未来の図柄だけではない。過去の図柄でさえも決定してはいないのだ。考古学的断片がさまざまの過去を呼び込むように、過去の在り方もまたさまざまの可能性へと開かれている。考古学的断片はまだしも決定の可能性があるから、かならずしも適切な例ではないかもしれない。歴史を考えてみよう。過去に起こったことは決定していると考えられている。本当にそうだろうか。私が未来に置く一つの断片によって、過去という実在の図柄も、がらりと変わりうるのではないだろうか。これまで関係のなかった過去が、突然現在へとワープして、現在を形づくる歴史の重要な構成要素となることがある。

したがってこうした嵌め絵ないしモザイクが生みだすのは、予定調和的全体ではない。生成のプロセスのなかでたえず可能な嵌め方が限定され、それだからこそ選択が可能になる。しかしその可能な嵌め絵自体が断片を置く現実的決定によって、また可能性を呼び込む断片となる。断片を置くひとつの場所を選択したときには、別な置き方は選べない。文字どおりの嵌め絵の場合には置きなおすことができるが、われわれの生の現実の場合には、置き直しはできない。ゼロから出直すということは、じっさいはこれまでの図柄を壊したという歴史から出発することにほかならない。

だが過去の選択とことなった可能性を考えることはできる。その可能性は、過去の選択が生み出した現在の現実と合体するかぎりで意味をもつのである。そのとき過去の不確定性は、現在の決定にかかわる現実性をもつであろう。これは過去の可能性によって現在を批判することである。歴史の不可逆性をくつがえすことではない。過去の批判を介して未来におく、断片のおき方一つによって、過去と現在のつながりを組み立てなおすことである。

＊　＊　＊

ふつう嵌め絵の図柄は決定している。嵌め絵の一片がおさまるべき位置もきまっている。しかし嵌め絵が極度に複雑になればどうだろうか。決定はしだいに困難になり、多義性（曖昧性）があらわになる。コンピュータの虫喰い《バグ》は数年使用した後で突然発見されることがある。断片は最初からはまるべき場所がきまっているわけではないから、曖昧性は大きい。しかし他の断片や環境とのかかわり（相互作用）のなかで、ある規則性があらわれてくる。車のエンジンの回転数を上げてゆくと、一定の領域で車体の振動やうなりを生ずる。これをなくすることはできないが、この共振や共鳴をどの領域へもってゆくか、不快なものではなくしたり、振動を相殺する装置を工夫することはできる。

これはマイナス効果の場合だが、これをプラスに使うこともできる。すべての楽器や能舞台やコンサート・ホールは、これをプラスの効果として使っている。光の干渉縞や音のうなりや磁気共鳴は、さもなければ認識できないものを認識可能にする装置としても使われている。これは認識がかかわりの一種である以上当然のことであろう。生体は単細胞生物であっても、自律的なリズム運動をくりかえしている。この一見無駄な動きは、生きている世界を拡大し、世界を探索し、捕食を容易にするはたらきであるとともに、リズムの共振によって、世界を接触以前に認識する行動の原型であろう。

われわれの眼は、こまかく顫動しているといわれる。この顫動（振動）によってわれわれは、静止したもののうちにも差異を生みだし、形の情報として捉えることが可能になる。眼が完全に固定されていれば、動くものは差異を生みだし、情報となるかもしれないが、静止したものを認識することは困難であろう。逆にトンボの複眼は、対象のわずかな動きをも差異（情報）としてとらえる装置かもしれない。

人間の眼の場合も、振動が大きすぎれば、逆に形をとらえることは難しくなり、異常（病気）とされる。それは多数の人間のとらえる世界とことなり、あるいはわれわれの生活形態に適合しないからである。トンボのような複眼をもっている人は、われわれの社会では異常であり、われわれの生活形態には不都合だが、トンボの世界では異常でもなければ、不都合でもないだろう。人間の場合も、この異常は、職業によっては、独自性として有利にはたらくかもしれない。じっさい画家や音楽家の場合、マイナスをプラスに転じた人は少なくないのである。

ユクスキュルが指摘したように、ダニにとっては、われわれの五感がとらえる形や色や固さや匂い（血の匂いは別として）などはほとんど存在しないにひとしいであろう。認識は行動であり（ベルクソン）、行動の素描としてであれ、指向的なかかわりのなかで、対象も私も生みだされる。したがって「神の眼」による唯一絶対の真理という考え方は成り立たない。かかわりをもつものは相対的（相依的）であり、神は何も認識しないか、かかわりの仕方（観点）をたえず変えうるかのいずれかである。もし後者なら、人間とのちがいは程度の差にすぎない。神は、マルチ・パースペクティヴによって、極度に複雑な錯綜体としての相対的真理を把握するということになる。

＊　＊　＊

断片といっても、われわれのなかには、さまざまのレベルでの規則性がある。ホメオスタシスは、生理的レベルでの自己調節的な規則性である。物の考え方とか、カント的な意味でのカテゴリーとなると、どこまでが生得的でどこからが後天的・文化的かは、さまざまの文化のなかでの歴史的・個体発生的な枠組の成り立ちを調べてみなければ、はっきりしたことはいえない。無条件反射は生得的と考えられているが、胎児の一時期のみに見られる反射や新生児にはみられるが、成長とともに消えてゆく反射がある。これらは進化の過程で環境との相互作用(いわゆる適応)によって獲得され、やがて人間の生活形態の変化とともに、意味を失って消えてゆく反射なのであろう。

逆にいえば新しいものが生まれるためには、ランダムネスが必要であり、それが規則的な原理によって、環境との相互作用のなかで選択され、環境に適合した新しさを固定してゆく。乱数発生器と規則を与えられて、自己組織化してゆくロボットをみていると、あまりにも人間とよく似ているのに驚いてしまう。さしあたって現在のロボットは、部分から全体をある程度推定することはできるが、それが人間の直観と原理的に同じ構造をもつかどうかは分らない。もっと別な原理がはたらいているといった方がよいだろう。

またこれは進化の問題とは別である。進化は個体ではなく、群にはたらく問題だからである。しかしいずれの場合も、規則性とランダムネスが重要なはたらきをしているのはまちがいない。このはたらきは、突然変異のようなレベルばかりではなく、意志や意図の入った文化的レベルでもたえず起こっている。偶発的な事件やわれわれの意志をはばむ他者は、一般にマイナス要因として処理され、排除される。しかし人間の柔軟性《フレクシビリティ》の特徴は、予測されない事態にたいして、われわれ自身の規則のシステムの枠組を修正したり、拡大したりできることである。

理論家は、ラプラス的な完結した世界を好むが、実験家はありえない事故を受け入れる。これはもちろん比喩であって、理論家も実験家も、また誰しもこの両面をもっている。創造的な人間は、事故を、枠組を考えなおす機縁とすることによって発想を変えるチャンスを自ら作りだすのである。「犬も歩けば棒にあたる」は、本来悪い意味であったのに、現在ではいい意味にも用いられるのは、この事情をあらわしているといえよう。

断片的な世界にはたえず事故があり、余計なものが入ってくる。断片は断片であるがゆえに、その未完結性のゆえに偶発事を呼び込むとさえいえそうだ。理論的にはありえないとされていた高温超伝導の発見者は、交通事故に会ったみたいなものだとのべたという。フレミングのペニシリンの発見もまさに事故だった。理論の上からはありえないことであったり、実験の目的からいえば失敗であることに着目するのは、自己のパースペクティヴの断片性を自覚することにより、パースペクティヴを変えることである。これを抽象的なレベルにまで高めていえば、メルロ＝ポンティの「相対主義の相対化」とは、中間者の存在論を指向することではなかったろうか。

さきほどのべたように、ユートピア主義の場合には、中間やプロセスは無視ないし軽視される。ゴドーは来なければいけないので、来なかったら無意味である。その間におしゃべりがあったとしても、時間つぶしの無駄話にすぎない。「城」に入ろうとしてついに入れない技術者の行為は、単なる徒労だということになる。しかし中間に重点をおけば、プロセスが本質的に重要なものとなるだろう。

ヨーロッパの、特に近代の音楽や演劇や小説は、おおむね始まりと終りがはっきりしていて、最後にクライマックスを迎え、ドラマティックに終結する。それにたいして日本をはじめアジアの音楽や演劇や文学はあまりドラマティックとはいえない。むしろプロセスが主体であって、最後にクライマックスがくるとはかぎらない。インドネシアのバリ島の「バロンとランダ劇」のように、結着がつかないのが常であることもある。そのかわり中間のプロセスが重視され、プロセスのなかでの微妙な音色やしぐさのちがいや人格の変化《へんげ》、異世界との往き来が大きな意味をもってくる。

未完結である断片が基本であるということは、他とのかかわり(相依性)が基本になるということである。それは自己を集団に同一化したり、集団を自己化したりする日本的な甘えの関係ではないはずだ。「私は他者だ」という認識にとどまらず、「他者の他者性」こそが、断片の認識である。他者の主体性の把握こそが、自己の主体性の開示である。自己の自己にたいする関係は、〈他者〉とかかわらないかぎり、いくらそこに他者を見いだしても、それは自己をおびやかし、震撼させる偶発事とはならない。

＊　＊　＊

「私は他者だ」という他者は自己に回収可能であり、神学的な構造と奇妙に類似している。アリストテレスによれば、神は自己を観照するにすぎないという。自己に真に対立する他者があっては、神の完全性は全うできないからである。神が被造物に真の他者を見いだしたとき、神のパラドックスが始まる。序章でのべたように、イエス・キリストの物語は、このパラドックスをあざやかに描きだした。しかしイエスが神の子キリストであるかぎり、このパラドックスは貫徹できないだろう。ニケーアの宗教会議は、サルトルの戯曲のことばを逆にもじっていえば、イエスを「回収可能」と宣言し、イエスを神と一体化したのである。しかし神が真に他者に直面するためには、自ら断片とならなければならないだろう。

〈断片〉の認識はかかわりである。断片はつねに未完結であるかぎり、「他なるもの」とかかわらざるをえない。「外」や「他者」とかかわらずに自己組織化することはできない。まして〈断片〉は、全体化の運動であることはできても、全体であることはできない。「かかわる」という認識形態は、古典的な考え方と対比するためには、むしろ能動的だ（じっさいは能動＝受動的なのだが）といった方がいいだろう。古典的な認識論はすべて受動的認識論である。それは与件《データ》（与えられたもの given）とか、感覚《センス・》与件《データ》という言葉に端的にあらわれている。理性論の場合は一見能動的に見えるが、理性自体が生得的に与えられたもの given なのである。

しかしわれわれが相互作用においてある中間者であり、断片であるとすれば、われわれ自身、身構え、発信し、探索する。荒川修作とマドリン・ギンズが the Given（与えられたもの）のかかわりに、「知覚されるもの」を the Taken（取られたもの＝はたらきかけられたもの）と呼ぶのは、そのためであろう。見るということは目を開けることだが、そこにはすでに眼球の調節・瞳孔の調節という〈身〉の構えが含まれている。この焦点化によって、何かが見えてくる。もちろんそこには脳の調節も含まれる。われわれが見ることに集中しているときには、漫画に熱中している子どものように、呼ばれても聞えず、聞くことや触ることに熱中している人は、見れども見えず、あるいは自然に眼を閉じてしまう。

たえず自律運動し、繊毛や鞭毛を波うたせる単細胞生物のように、われわれは行動し、知覚するとき、われわれの〈身〉を発信状態におき、対象の発信をとらえようとする。そのときいわば清水博氏の「引き込み効果」を伴った感応や同調、さらに光や音の波の位相のちがいによって生まれる干渉縞やうなりのように、〈取ること taken〉と〈与えられること given〉のあいだに認識が発生するのではないだろうか。したがって生物が必要とし、またその可能性をもつかかわりの種類がことなるのにしたがって現象する世界もことなるだろう。それは神が認識する唯一の世界を、有限者が切りとっているのではない。それぞれのかかわりにおいて世界は在るのであり、断片と同じく、世界もまた錯綜体なのである。

＊　＊　＊

それにしても西欧の思想家は、どうして大文字の存在 Être（晩年のサルトルやメルロ＝ポンティ）とか、唯一の絶対真理らしきもの（たとえばサルトルの大文字の Vérité）について語りたがるのだろうか。超越的な視点を否定し、〈比較〉という横ずれのメタ・フィジック（メタはもともと「の後に」というアリストテレスの講義録の編集の順序にすぎないのだから）に立ったグレゴリー・ベイトソンも、晩年には、自らをプラトニストと称し、知覚不能の、無時間的な、透明な、マトリックスについて語っている。形而下的な世界は、真の実在者であるイデアの不完全な焼き直しである、と。

プラトンのイデアをマトリックスとして解釈するのは面白い試みだが、それらの背後には、やはり西欧の通奏低音として、暗黙の神学があるのだろうか。デイヴィッド・ボームの「内蔵秩序《インプリケート・オーダー》」となると、真の秩序と抜《ひら》きだされる現象世界の秩序との関係は、いっそう精緻であり、示唆にとむが、たとえ比喩とはいえ、誰が巻き込み、誰が抜《ひら》きだすのか。これもまた同じ線上にあるように思われる。いずれも中間者を基盤とした中間領域の存在論と認識論を一挙に超越しているのである。その移行の構造を明らかにすることこそが問題なのだ。

われわれに可能なのは、超越的神学、もしくは超越論的メタ・フィジックではなくて、いわば横ずれのメタ・フィジック、〈トランス・フィジック〉とでもいうべきものではないだろうか。

注

邦訳のあるものはそれを参照させて頂いたが、前後の関係もあり、訳語はかならずしも一致しない。

I 〈身〉の哲学

(1) 坂部恵『仮面の解釈学』東京大学出版会、二一五頁。
(2) 『折口信夫全集』中央公論社、第一巻「国文学の発生」(第三稿)、第二巻「琉球の宗教」、第三巻「鬼の話」「霊魂の話」、第十六巻「民族史観における他界観念」、第二十巻「原始信仰」「霊魂」「剣と玉と」「古代日本人の信仰生活」など参照。
(3) 坂部、前掲書、二一四頁。
(4) 木村敏『人と人との間』弘文堂、一七六頁。
(5) 同書、一九七頁。
(6) 同書、一六八頁。
(7) 同書、一七三頁。
(8) 赤塚行雄『「気」の構造』講談社現代新書、四二、九二頁。
(9) 同書、九二、一〇五頁。
(10) R・ヤーコブソン・川本茂雄監訳『一般言語学』みすず書房、二三、二五—二六、三四—三六、三九、一九四頁。
(11) 田島節夫『言語の内と外』「総論」講座・現代の哲学、第三巻、弘文堂、四〇—四一、四三—四四頁。

（12） Christopher Alexander, A city is not a tree, *Design*, Feb. 1966, pp. 46-55.（押野見邦英訳「都市はツリーではない」『デザイン』一九六七年七、八月号）。

（13） ibid., p. 49.

（14） ibid., p. 49.

（15） 銀林浩「現代数学と現代数学教育についての一視点」『数学教室』一九六九年九月号、二七頁。

（16） 同書、同頁。

（17） Alexander, op. cit., p. 55.

（18） ibid., p. 51.

（19） Paul Valéry, *Oeuvres*, II, Bibliothèque de la Pléiade, p. 123.（伊吹武彦訳「エウパリノス」『ヴァレリー全集』第三巻、筑摩書房）。

（20） Alexander, op. cit., p. 51.

（21） Gilles Deleuze et Félix Guattari, *Rhizome*, Les Editions de Minuit, p. 60.（豊崎光一訳「リゾーム」『エピステーメー』一九七七年一〇月臨時増刊号）。

（22） ibid., pp. 12-17.

（23） セミ・ラティスとリゾームの類似については、磯崎新氏の指摘がある（「現代建築の主張」『世界』一九七七年一一月号）。

（24） Deleuze et Guattari, op. cit., p. 48.

（25） Valéry, op. cit., p. 103.

（26） Deleuze et Guattari, op. cit., p. 50.

（27） ibid., p. 52.

（28） ibid., p. 66.

（29） Valéry, op. cit., p.128.
（30） Deleuze et Guattari, op. cit., p.53.
（31） ibid., p.54.
（32） ibid., p.58.
（33） Henri Bergson, L'âme et le corps; *Oeuvres*, Edition de Centenaire, P.U.F., p.842.（渡辺秀訳「心と体」『ベルグソン全集』第五巻、白水社）
（34） 人称化にいたる発達段階については、ピアジェの分け方が最も適切であるように思われるので、それに拠る。ピアジェのほとんど全著作がこの発達段階の細部についてのべているが、簡潔に全体を通観しているのは、Jean Piaget et Bärbel Inhelder, *La psychologie de l'enfant*, P.U.F.（波多野完治ほか訳『新しい児童心理学』白水社）; Piaget, *La psychologie de l'intelligence*, Alman Colin.（波多野・滝沢訳『知能の心理学』みすず書房）、最も簡潔なのは、*Six études de psychologie*, Gontier, chap. 5. 活動や操作の論理構造については、*Traité de Logique*, Alman Colin. 改訂第二版は、*Essai de logique opératoire*, Dunod. 最も簡潔なのは、Logic and Psychology, Manchester Univ. Press.（芳賀純訳『論理学と心理学』評論社）。
（35） Piaget et Inhelder, op. cit., p.45.
（36） cf. George H. Mead, *Mind, Self & Society*, Univ. of Chicago Press, Ⅲ-20., Play, the Game, and the Generalized Other.
（37） Piaget et Inhelder, op. cit., p.46.
（38） Piaget, *Essai de logique opératoire*, pp.92-93; Piaget et Inhelder, op. cit., p.79. 銀林、前掲論文、二六頁。
（39） 波多野誼余夫・江口恵子「思考の論理モデル」（波多野完治編『ピアジェの認識心理学』国土社、所収）。
（40） 同論文および吉田夏彦「ピアジェの論理学」（波多野完治編『ピアジェの発達心理学』国土社、所収）参照。

なお銀林浩氏は、群性体をつぎのように定式化しておられる。

集合Gの上に、いたるところかならずしも定義されていない内算法$a \top b$が与えられているとする。$a \top b$が定義されるとき、aとbは隣り合っているという。(1)合成性：$a \top b$が定義される場合がある。(2)結合律：$(a \top b) \top c = a \top (b \top c)$、これはどちらかの辺が定義されれば、他方の辺も定義されて一致するというように解する。(3)簡約律：$a \top b = a' \top b$なら$a = a'$, $a \top b = a \top b'$なら$b = b'$ (4)各aにたいして、$e_a \top a = a$, $a \top e'_a = a$, $a \top (-a) = e_a$となるような元e_a, e'_a, $-a$が存在する（銀林、前掲論文）。

（41） Piaget et Inhelder, *op. cit.*, p. 125.

（42） 市川浩『精神としての身体』勁草書房、一一〇頁、二一三―二二三頁。

（43） 同書第二章第5節、八二―九一頁第二章第7節、一一四～一二二頁。市川浩『〈身〉の構造』青土社、第Ⅳ章第3節の一六〇―一四頁。

Ⅲ 〈中間者〉の認識論のために

（1） Jean Piaget, *Essai de logique opératoire*, 2ème édition du Traité de logique; Dunod, *Logic and Psychology*, Manchester U.P.; *La psychologie de l'enfant*, P.U.F.; *L'épistémologie génétique*, P.U.F.; *La prise de conscience*, P.U.F.

（2） 木戸幸聖「精神医学的面接における疎通性と皮膚電気反射の関係について」『日大医学雑誌』第一七巻、一九五七年、二三〇一―二三一一頁。椿政司「精神医学的面接における疎通性と心博数変動の関係について」同右、第一八巻、一九五九年、一六六〇―一六六九頁。井村恒郎・木戸幸聖「疎通性の精神生理学」『精神医学』第四巻三号、一九六二年、一四三―一五一頁。松山巌「催眠時における医師対患者関係の精神病理学的研究」『日大医学雑誌』第二一巻、一九六二年、六九五―七〇五頁。溝口博美「分裂病と神経症の面接態度とその推移に関する精神生理学的研究」同右、第二一巻、一九六二年、六七九―六九四頁。阿部洋太郎「精神医学的面接における治療者と患者の相互作用に関する精神生理学的研究」同右、第二二巻、一九六三年、二〇六―二一五頁。木戸幸聖「精神分裂病における対人関係の障害——面接における communication の精神生理学的研究の側面から」『精神神経学雑誌』第六七巻三号、一九六五年、二三〇-五〇―二三〇-五一。井村恒郎「communication の水準とその障害」同右、第六八巻二号、一九六六年、二三二-一一八―二三五-一一九。鈴木克己ほか「分裂病症状消褪期に現われる見かけの疎通性について」同右、同巻同号、一九六六年、二三三-一一九―二三四-一二〇。木戸幸聖「分裂病診断における治療者の態度変化」『精神医学』第九巻二号、一九六七年、一〇七―一一五頁。鈴木克己「分裂病の治療過程における医師対患者関係の変化に関する精神生理学的研究」『日大医学雑誌』第二六巻一〇号、一九六七年、一〇三九―一〇五三頁。井村恒郎・木戸幸聖「コミュニケーションの病理」異常心理学講座第二次、第九巻、みすず書房。木戸幸聖『面接入門』創元社。

（3） 前掲「コミュニケーションの病理」二六〇頁の引用による。

（4） 同右、二六一頁の引用による。

（5） 角田忠信『日本人の脳』大修館書店。同「〝日本人の脳〟とその後の展開」『理想』一九八四年六月号。

（6） 市川浩「身体」講座・現象学、第二巻、弘文堂。

（7） G. Bateson, D.D. Jackson, J. Haley, and J. Weakland, Toward a theory of schizophrenia, *Behavioral Science*, Vol. I, No. 4, Oct. 1956, in J.G. Howells (ed.), *theory and practice of family psychiatry*, Oliver & Boyd.

（8） 松井孝典・市川浩対談「進化する地球と生命圏」季刊『思潮』第四号、一九八九年四月。

あとがき

「〈中間者〉の哲学」というのは、「中間者」に存在領域や認識領域をかぎるということではない。逆に「中間者」ないし「断片」であるからこそ、われわれは自己を越え出て、全体化しようとする。しかし「全体」として完結することは決してない。「全体」を信ずることのできなかった小林秀雄は、死による終結をもって「全体」にかえようとしたが、これはあくまで「断片」としての終結であって、「全体」としての完結ではない。もし「全体」として完成されたのなら、死を悼む必要はない。

「〈中間者〉の哲学」は、あくまで断片としての中間者を基盤において、中間者を越える領域をさぐり、ふたたび中間者に帰ることである。その全過程《プロセス》が中間者の行為であり、思索であり、中間者を定義するものでもある。アーサー・クラークの原作をもとにしたスタンリー・キューブリックの映画「二〇〇一年宇宙の旅」の冒頭に、「サルが動物の骨を眺めているうち、はっと思いついたようにその骨を振り上げて、他の骨を滅多うちにする場面がある。骨を道具として使うことを思いついたのだ。骨は武器にもなる。こうしてそのサルのグループは他のサルより優位に立ち、猿人となる。

このとき猿人（または原人）は中間者になったといえよう。」また、いがらし・みきおの『ぼのぼの』第四巻の見返しにつぎのような言葉が記されている。「「生き物が悩まなきゃいけないことなど　この世にはないような気がするんじゃよ」と長老のシャチさんが言った。「ほっほっほ――　今のはないしょじゃぞ　言うとみんなおこるからの……」と、またいった。　ボクはナゼ、悩むんだろう。ボクはナゼ、悩むんだろうったら」。「ぼのぼの」も中間者なのである。

　神は自己を越え出ることはできない。あるいは必要がない。プロチノスは、神をあまりにも完全であるため、自己を溢れ出て、流出すると考えたが、なぜ完全である全一者が自己を溢れ出なければならないのか、よく分らない。これは中間者の構造の裏返しであり、中間者の根拠づけであるとすればよく判る。

　中間者は、全体ではなく、欠如であるからこそ全体化を指向し、部分としては過剰であるからこそ全体化を指向する。インテンション（指向＝意志）は「断片」である中間者の特徴である。

　「部分」は「全体」を分解あるいは分析した結果えられた受動《パッシヴ》的な産物であって、出発点としての全体をはなれては意味をもたない。単に部分を寄せ集めても全体にはならない。それに対して〈断片〉は、パスカルの『パンセ』やヴァレリーの『カイエ』

の断章《フラグマン》のように、それ自体で意味をもつが、たえず他の断章へ、その集まりの全体へと越え出ようとする。〈断片〉は、全体化への能動的《アクティヴ》な動きを内蔵しているのである。

オーソドックス・キリスト教は、プロチノスの哲学に、多くの神秘主義の場合と同様、中間者と神とを連続させる異端の原型をかぎとったが、キリスト教自身、神の子キリストの肉化と十字架と復活というパラドックスによって、絶対者と中間者との逆接的連結を考えざるをえなかった。さらにパスカルもデカルトも、理性的にか、感情的にか、中間者を出発点とした。

中間者という底荷《バラスト》を外したとき、哲学は、悪い意味での形而上学《メタ・フィジック》になる。そのような形而上学でさえ、人間の理性にとっての論理的斉合性とか、理解可能性という底荷を外すことはできなかったのである。なかでも自然科学は、なんらかの形態での検証可能性を基本におくことによって、中間者の学であることをあきらかにする。検証可能性を除けば、神学にまさる学はないからである。その点では中間者の哲学は、科学と基盤を同じくする。ただ哲学は、検証可能性や理解可能性を含めた学の有意味性の範囲と妥当性をつねに再検討するのである。

形而上学《メタ・フィジック》には、もともと今もっているような「上への超越」のイメージはない。アリストテレスの命名でもなく、アリストテレスの遺稿「自然学」のあとに（メタ）置く形で編集されたという編集上の位置関係をあらわす言葉にすぎない。それが「上への超越」のイメージをもったのは、形而上学は、自然学そのものではなく、自然(形而)について、一歩を身をひき、いわば上から考察する(そのさい「神の眼」がモデルになったのはいうまでもない)態度だったからだろう。単に認識するのではなく、認識そのものの可能性について超越論的に反省する認識論や、ただ存在するだけではなく、存在することとそのことについて超越論的に考察する存在論についても、同じことがいえよう。

しかしこれらは上に超越することであろうか。サルトルは現象学が内面性の哲学になることを警戒して、意識の志向性は、たえず「外へ越え出ること」であると強調した。この場合、「越える」は「外へ」(ex-)の意味であって、別に「上へ」のイメージはない。その点、伝統的な意味へのつながりを残す「超越論的存在論」というサブ・タイトルは誤解をまねきやすい。

中間者の立場に立つかぎり、自己についての考察は、他者や他なるものとの比較によって可能になる。自己の自己にたいする関係は、自己の他なるものにたいする関係の発生と相即しており、それら両者についての考察もお互いに切りはなすことができない。それはいわば「横ずれの超越」であり(親鸞の「横超」の真の意味は何だったのか、十分納得のゆく説明に出会ったことはない）、私は「上への超越」のイメージを排除し、神学の密輸入を防ぐために、中間者の哲学をあえて「トランス・フィジック」と名づけた。

これは「比較」を主な方法とするが、比較は二項以上を比べることであるから、次元が上っており、これまでのメタの意味を含んでいる。自己について考察するのも、自己と自己との関係を反省することであり、これは自己と他者との関係をぬきにしては考えられない。ものについて考察するのも、主体とものとの関係を前提している。ものそのものというのは、神の眼を前提しているかぎり、中間者には認識不可能である。逆にいえば認識が関係であるかぎり、神には、認識という中間者の行為は不可能だといえよう。

トランス・フィジックは、人間という中間者（パスカルのいう「考える葦」）を基本にすえた哲学であるが、ヒューマニズムではない。ヒューマニズムが人間中心主義という一種の世俗化された神学であるかぎり、アンチ・ヒューマニズムといってもいい。人間は特権的存在ではないにもかかわらず、中心化という業をになった存在である。この業は人間の存在そのものであるからさけえない。このパラドックスが、仏教のもつ、またキリスト教のもつパラドックスである。その意味では、両者はともに中間者を中心課題にしているのだが、中間者を絶対者によって、また絶対無(空)によって、一挙に超え出ようとするところに疑いを感じてしまう。私は信仰もまた中間者の行為であり、「神の眼」や「空」の境地に立ったと思い込んだとき、信仰の意味は失われるのだと思う。

一九八九年十二月十四日

市川　浩

初出一覧

プロローグ　身体による世界形成（初出．断章・身体による世界形成）『いま哲学とは』新岩波講座・哲学 1，岩波書店，1985

I　〈身〉の哲学（初出．〈身〉の構造）　『人称的世界』講座・現代の哲学 2，弘文堂，1978

II　双面神としての言語——〈身分け〉と〈言分け〉の交叉（初出．非言語的記号学への歩み）　『言語の内と外』講座・現代の哲学 3，弘文堂，1978

III　〈中間者〉の認識論のために（初出．直接的認識と間接的認識）　『経験　言語　認識』新岩波講座・哲学 2，1985

エピローグ　〈中間者〉の存在論へ——トランス・フィジックの試み　書下し新稿

■岩波オンデマンドブックス■

〈中間者〉の哲学――メタ・フィジックを超えて

1990 年 1 月 25 日　第 1 刷発行
1993 年 4 月 9 日　第 4 刷発行
2014 年 8 月 8 日　オンデマンド版発行

著　者　市《いち》川《かわ》　浩《ひろし》

発行者　岡本　厚

発行所　株式会社 岩波書店
〒 101-8002 東京都千代田区一ツ橋 2-5-5
電話案内 03-5210-4000
http://www.iwanami.co.jp/

印刷／製本・法令印刷

ISBN 978-4-00-730120-9　　Printed in Japan